网球爱好者
快速提高指南

TENNIS
TECHNOLOGICAL
LEARNING

CONTENTS
TENNIS

SECTION 1 / 引言
- 010 我们为什么要打网球
- 012 怎样选择一个适合自己的网球拍
- 014 上场之前的准备
- 016 网球比赛规则

GUIDE FOR RAPID IMPROVEMENT

SECTION 2 / 竞技网球必需掌握的基本技术
- 020 击球前的准备姿势
- 021 正手击球
- 025 反手击球
- 031 发球
- 039 接发球
- 039 正反手截击
- 044 高压扣杀

SECTION 3 / 怎样练习基本技术
- 048 怎样练习基本技术

SECTION 4
网球技术的十八般武艺

- 054 放高球
- 054 削球
- 057 上旋球
- 060 随击球
- 060 穿越球
- 061 半截击
- 063 凌空球
- 066 放短球

SECTION 5
单打制胜法宝：用大脑打球

- 070 自身打法的形成
- 071 不同战术的应用
- 074 心理战的妙用

SECTION 6
享受双打

- 079 网球双打规则
- 086 双打的心理战

SECTION 7
附录：

- 090 网球水平自我评估表
- 092 四大网球公开赛和网球赛事积分
- 094 常用网球英语术语

TENNIS TECHNIQUES AND TACTICS

序 / PREFACE

一口气读完乔奇的《网球技战术》初稿，感到非常欣慰。乔奇兄是我的学长，南医大杰出校友。20世纪80年代初，我在南医大篮球队效过力，知道他是校乒乓球队的主力。后来我们在一个教研室共事，还共同参加过南医大的篮球比赛和多项活动。其后我们相继负笈西方，他在瑞典我在奥地利时，还信函交流过滑雪的乐趣。

回国后近十余年里，乔奇兄经常回母校讲学、交流、合作。以往我们研讨结束后，都是在餐桌上海阔天空，一快朵颐。后来我发现自己的血脂血糖不断增高，在饮食上要有所限制了。虽然想重回篮球场上以增强运动来对抗疾病，无奈一是年龄见长，无法适应篮球要求的剧烈对抗；二是很难在短时间内凑齐多个旗鼓相当的队员，来充分领悟大球运动的乐趣。席间乔奇兄多次讲述他在北大参与乒乓球和网球的乐趣，于是我也开始了乒乓球和网球的练习。几年下来，不仅球技有了长足进步，健康状况更是大为好转，体重下降、血糖血脂都控制达标。尽管工作更加繁忙，却始终觉得精力充沛。

乔奇兄每次造访母校，我们都会交流和切磋球艺。球场之中，乔奇兄不仅球技全面，更常在基本功训练和战术思想等方面给我很多指点。此次阅读了乔奇兄的新作《网球技战术》，方知他对网球运动的确非常钻研。从我练习网球的经验体会中，我觉得《网球技战术》一书中有以下几个非常突出的特点，值得网球爱好者甚至专业人员重视：

1. 正确的技术动作是打好网球的基础。这些基本技术都有动作标准，但不少人会觉得动作标准不标准无关紧要，只要能得分就可以。甚至有些专业运动员也持这样的态度。其实网球的标准技术动作都是经过实践所证明的最佳击球方式，是击球效果最好、造成损伤最小的动作。因此，《网球技战术》采用了新颖的五角视图动作解析，从前、后、左、右、俯五个视角来展现标准动作，以弥补读者在看图解、电视或录像时单一视角的不足，从而更好地理解和掌握正确动作，以利技术快速提高。

2. 场外练习的重要性。网球虽然是在球场打，但是场外练习却是必不可少的。尤其是中国的网球场地少，要想水平提高得快，一定要知道如何进行场外练习。《网球技战术》中说明除了需要素质练习，如耐力、速度、柔韧、灵敏性、爆发力等，还需要网球专项的挥拍练习和更重要的击墙练习。书中指出，一堵墙是一个水平最高、什么时候都能陪练的最佳对手。这个观点在大多数网球书中都没有提到过，而前网球天王、瑞典的博格和美国的阿加西都曾说过，他们在网球生涯中以球击墙的次数均超过两千万次。《网球技战术》中提出的击墙练习方法是非常有参考价值的。

3. 关于网球战术的新观点。乔奇兄在《网球技战术》第6章中关于单打战术的论述非常有创意。大多数网球书都是根据职业球员的战术风格而分为经典的底线防守型、底线进攻型、发球上网型和全场型等4种战术。但是到我们上场时却发现基本无法应用，因为我们多数球员根本就没有这样的战术风格。乔奇兄告诉了我们，原来水平不同战术也是不同的。只有明确了这一点，我们才可能运用相应的战术。而另外一个简单的事实是，水平相差太大是不需要战术的，只有水平相近才能体现出战术的意义。当我们在与水平相近的对手对垒时，如果能正确应用书中提到的战术，包括心理战，可以让原来一半对一半的获胜率大幅提高。网球是一项竞技性运动，经常获胜将会极大提高参与这项运动的热情。

4. 双打必须在网前取胜。在中国目前球场较少的条件下，网球双打较单打更普遍，同时网球双打的趣味性和娱乐性也更强。但是，在大多数业余双打比赛甚或有的职业双打比赛中，球员们在网前得分、网前取胜的意识和行动并不是那么强烈。这同样反映在不少网球书中，没有强调双打一定要在网前拼胜负。固然，网前激战对球员整体水平的要求更高，可是由于场上人数翻倍，两人在一方照顾面积大增，是能够来到网前一决高下的。世界顶级的双打高手，如布莱恩兄弟，几乎都是一发上网、二发也上网，连接了对方一发也积极上网。所以看他们比赛都是网前一阵眼花缭乱，只有在慢镜头时才能体会到网前的激烈争夺。相信读者们在读了《网球技战术》第6章"享受双打"后，一定会对网球双打的战术有一个新认识。

除了上述的这些特点，书中还辑录了乔奇兄有关自己看网球、打网球的几个故事，给相对枯燥的技战术指导增添了靓丽色彩。他还编纂了以往他在国外打网球时常用的网球英文术语和常用英文会话。毕竟网球是泊来品，了解这些常用语，对于那些希望通过网球运动增加与国际友人的交流是大有裨益的。相信《网球技战术》不仅对业余网球爱好者有特别的指导意义，同时对专业网球教练和运动员亦有一定的参考价值。

南京医科大学党委书记、校长

江苏网球协会 副会长　　陈 琪

SECTION

<引 言>

我们为什么要打网球

怎样选择一个适合自己的网球拍

上场之前的准备

网球比赛规则

WHY PLAY TENNIS
我们为什么要打网球

网球是一项老少咸宜的运动，有着悠久的历史，与高尔夫、保龄球、桌球并称为世界四大绅士运动。由于网球运动具有场地开阔、动作舒展、运动量大、对抗强度大、奖金高昂等一系列特点，因此魅力也就更大。

网球又属于一项"开头难"的运动：初学者总要准备一支球拍吧？器材商店中眼花缭乱、差价巨大的各种品牌球拍，的确很让人犯迷糊。还有找场地、订时间、约拍档，也得费一番心思。初上场时更会发现，那球拍根本不听使唤，挺沉的小球要么打不到，要么满天飞；偌大的球场上，说是上场打了一小时，其实50分钟都花在弯腰拣球上了。下场后除了运动后的劳累外，还经常会有腕、肘、肩隐隐疼痛之感。

那么我们为什么还要克服困难去打网球呢？"为了锻炼身体"，不错。网球和各种运动一样，都能达到锻炼身体的目的。而网球特有的自身魅力，就吸引了不同的网球爱好者。

因为网球是一项高雅的绅士运动，所以网球打的好就会有绅士和淑女风范。加入到这个队伍的人，就有不少像高尔夫爱好者一样，觉得自己在从事一项高雅的运动，举手投足间都透露着高贵，大大提高了自信心。这经常会让旁观者觉得网球真是太酷啦，情不自禁地就参加进来。

网球运动动作舒展，奔跑范围大，有助于缓解各种身心压力。有爱好者说，当连续正反手大动作击打来球时，感到一种充分的发泄，有时候就像放手扇敌人的耳光一样，的确非常解气。打完球后再冲淋泡澡，身心可以达到完全的放松。

网球运动还有助于交流。很多人苦练网球，是因为能借此与心仪的GG、MM或者顶头上司、重要客户有一个走的很近的机会。尤其是双打时的默契配合，更是培育友谊、发展感情的大好时机。

当然，网球还是谋生的手段。如果从小苦练，昔日丑小鸭说不定就变成了中国红粉军团的一员战将，十几二十岁的时候，就有几十万上百万的收入。若真的成了世界网坛的大哥大、大姐大级人物，比如当代的瑞士天王费德勒、美国黑珍珠大小威廉姆斯姐妹，拿下一个温布尔登冠军就是115万英镑（2012），一个美网冠军更是190万美元（2012）。他们近十年来，光是这些大满贯赛事直接获得的奖金就是上亿人民币了，更不要说作为多种国际一流品牌商品代言人获得的收入了。而其他形形色色的国内外比赛，一个冠军也都动辄是上万美元的奖金。中国单飞的网坛金花、小花们，很快就腰缠万贯了。

即使大多数人不能成为网坛明星，作为一个专业或业余教练，每小时收入也都在100~400元人民币之间，只要敬业，养家糊口是不成问题的。

所以，如果你想打网球，那就给自己找一个理由。哪怕纯粹是为了锻炼身体，你也会发现，和单纯跑步或暴走不同，网球的高度技术性会使得你在水平逐渐提高的同时，还能享受到不断增加的乐趣。试想，当你随手一击，便把一个技不如己的对手打得满地找牙；又或你钻研战术，使用声东击西、调右压左的方略，终于战胜了一个使你以前每战必败的强大对手时，畅快的心情马上会溢于言表。

网球运动的迷人之处和高尔夫很相像。比如当你学习高尔夫后一旦下场挥杆了，你就想不断超越自我，110杆、100杆、90杆、80杆；你就会对一个简单挥杆动作的要求几乎达到吹毛求疵的地步。网球爱好者也总是希望越打越好，不仅要不断超越自我，还要不断超越对手，让你的球友对你三日不见便刮目相看，把你当作合格的对手，总是想和你多练一会，你就会体会到网球带给你的更大乐趣。

在各个网球场，打球的人很多。但是，只要仔细留心一下，你就会发现不少人动作不正确，练习方法错误，不仅水平提高慢，而且容易受伤。这又是何故呢？其一，我们大多数人在摸网球拍之前，挥舞过乒乓球或羽毛球拍，打网球时总是很习惯地转动手腕。加之不知道如何选择适合自己的网球拍，其结果是打不了几下就会感到手腕疼痛。网球肘没有发生，"网球腕"倒先有了。其二，网球场大过乒乓球和羽毛球场很多，说是上场打球，其实时间都花在弯腰拣球上了。所以，尽管

本书作者乔奇（左）和江苏省网球协会副主席、南京医科大学党委书记、校长陈琪先生在南京王台山网球场。

看别人打球很心痒，但轮到自己上场时，不仅手腕疼痛，还总是满场拣球，当然是挺扫兴的。

那么一个初学者怎样才能在网球场上多一点乐趣，少一点痛苦呢？在这里先给大家几点人人都能做到的贴士：

（一）买一个护腕，每次打球时都戴上，你就会发现手腕受伤的机会将大大减少，而且打出的球也会更有力。

（二）穿一条有大口袋的裤子，两边口袋里至少各装三个球，两个人一次可以打完十二个球后再去拣。

（三）学着用球拍和脚把球夹住拾起，就可以免去弯腰之劳了。

当然，如果再能挑选一个适合自己的球拍，学会正确的握拍和击球姿势，那你就会渐渐体验到打网球的乐趣了。不过，对一个初学者来说，这两件事都不是那么容易的。

TENNIS RACKET
怎样选择一个适合自己的网球拍

如果一个初学者自己想到体育用品商店去买一个网球拍，那可不是一件容易的事情。单看看价格就实在让人难做决定：从30、50元一个到2、3千元一个的都有。如果问售货员吧，很显然他会告诉你最贵的拍子怎么怎么好。除了价格，还有球拍的长短，拍头的大小、形状都需要考虑。拍弦有不同品牌，不同质地和不同规格的，拍弦的张力也要根据不同的人和不同的打法来定。

其实，对于初学者来说，只要记住两点就可以买到够用两到三年的球拍了：第一是握把的粗细；第二是拍弦的张力。握把的规格有多种，都是以英寸来定大小的。通常中等身材的男性（1.70到1.75米）可以在 $4\frac{1}{2}$ 英寸以上的尺寸中挑选，中等身材的女性（1.60到1.65米）多半要在 $4\frac{1}{2}$ 英寸以下的尺寸中选择。选择的方法是以自己的握拍手握住拍柄，所留的空隙要正好能够放下自己非握拍手的食指（如下图）。或者测量从握拍手的中指尖到第二掌纹的直线距离，得到的英寸单位就是你需要的握把粗细。

一个大小适当的握把将会大大减少手部伤痛的机会。拍弦的张力也是一个非常重要的参数，张力低的球拍可以很容易就把球打

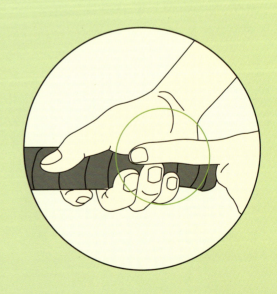

大雁也喜欢看网球。温哥华网球场边的绿草是大雁的美食，它们终年待在温哥华，球场边也是它们爱去的地方，只要球打不到它们身上，它们就边吃边看，悠哉游哉。

出很远，而张力高的球拍一定要自己用力才能把球打出去。例如曾在世界排名第六、现已退役的著名日本女球星伊达公子使用的拍弦张力只有42磅，看她打球真是非常轻松，轻轻一挥，球就直奔对方底线而去。曾经排名世界男子第一的美国选手阿加西所用的拍弦张力是76磅。他抽球时恨不得全身都要扑到对方场地里去。但是拍弦张力低虽然能把球打远，但控制球就比张力高的拍弦差多了。要想用张力低的球拍把球准确地打到某一点或近网区，那是一定要多花很多功夫的。

因此，对于初学者来说，拍弦的张力既不要过高，也不要过低，通常以52到56磅为宜。女性可选择偏低些的，但不要低于50磅；男性可选择偏高些的，以不超过58磅为好。以后可根据自己水平的提高和打法的变化再加以适当调整。

正确认识后，就可以到运动器材店去选球拍了。大拍面（oversize）的拍子由于甜点范围大，击球相对轻松，更适合自身力量弱的人；长拍柄可以提高发球命中率。球拍的材料以碳纤维的力学效果最好，价格也要比铝合金的贵。拍弦是尼龙的最便宜，手感虽然不如合成肠弦好，但初学者是很难体会出来的。按照这些条件，花上六七十块钱，就可以买到适合自己的网球拍了。

PREPARATION
上场之前的准备

当你握着顺手的球拍,自然是迫不及待地想到球场上一试身手了。不过且慢,要想在球场上得到最大的收获,还得先做些场外的准备工作。

第一,要学会正确的握拍方法:握拍的方式有多种,主要是由球场的类型和不同的打法决定的,例如在红土和草地球场握拍方法根据虎口对拍面的位置可分为大陆式、东方式、半西方式和西方式4种。其中大陆式适合草地,西方式适合红土(见下图)。偏大陆式的东方式和偏西方式的半西方式则适合普通的塑胶或水泥硬地场地。比较简便的是东方式即握手式握拍法:将球拍拍柄对着自己,握拍手(以右手为例)伸出,像握住另一人的右手一样,握住拍柄下部,拍柄顶端与手掌的小指侧平齐就行了。这样的握拍相当于东方式,是在硬地球场打球时的主要握拍法。如果需要双手握拍,也是很简单的,只要把自己的左手伸出,象握对方左手那样,放在握拍右手的上方便可。

第二,要学习正确的基本动作(徒手和空拍动作,以后上场逐渐矫正)。

第三,要能连续击墙超过十次:上球场前先学会击墙是很有必要的,如果你能在十

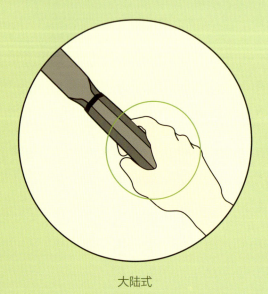

大陆式

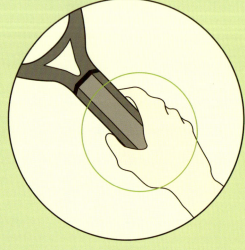

西方式

京城小球三项获奖者分别是：李明（亚军，左）、乔奇（冠军，中）和张湘（第三名，右）。

米以外连续击墙超过十次，同时你的对手也能够做到，那么你们在球场上拣球的时间就会少很多。击墙可以先暂时不计较动作，主要是体会球感，可以从距墙四五米远的近距离开始。待到经常可以连续击墙超过十次后，就向后退一二米。如果能在七八米处也能同样如此，便可以放心上场了。击墙是自学网球的一种最好的练习方法，将来在学会各种基本动作后，都要再通过击墙来加以体会、纠正和巩固。所以，如果你想学好网球，找到一堵可以练习的墙壁是很重要的。

第四，要做好准备活动：上场打球前如果不做准备活动是很容易造成身体肌肉或韧带拉伤的，做了充分的准备活动虽然不能完全防止，但肯定会减少运动损伤的机会。这里为大家介绍一种三分钟微波炉式热身法，不仅有助于防止打网球造成的肌肉、韧带及关节的损伤，还能促进你在球场上的运动能力。首先是动力性活动一分钟，做法是从球场的底线中央开始，一直面对着球网，按顺时针方向侧方、前方和倒退跑一圈。然后逆时针同样跑一圈。第三圈顺时针跑时，脚尽量后踢到臀部，把身体最大的肌肉股四头肌拉开。再同样逆时针踢臀跑一周。其次做静力性活动一分钟，主要是尽量大限度地弯腰和骑马式压腿。最后是活动右上肢一分钟，包括大臂绕环、握拳快速前臂内收和压掌（左手用力后推张开的右手掌）。如此这般，你就可以握拍挥舞了。

当然，也别忘了穿上舒适的鞋袜和有大口袋的运动裤，兜里至少要装六个球。还有一罐凉水和防晒油也是夏日网球活动的必备品。

REGULATIONS
网球比赛规则

网球比赛分为单打和双打两种，双打比赛规则将在本书"双打"章中介绍。单打中，球员互相以球拍将球击过网，落入对方的场地的单打区中，当有一方将球打出界、下网或未接到球则为对方得分。除了接发球必须待球落地一次后击球，其他击球时，均可在球落地一次或未落地时进行。

记分：正规比赛由局和盘组成，一盘有6局，一场比赛通常是3盘两胜。但在世界级大满贯男子比赛中，采取的是5盘3胜制。

局：网球比赛每局的开始比分是0:0，第一分球记为15。发球员得分比分是15:0；接球员得分比分就为0:15，发球员的分数在前。得了第二分为30，接下来为40。如15:15、30:15、30:30或30平、30:40等。当比分为40:40，便称为"平分"。平分时一方要连续得到两分后才能赢得一局。先得一分方称"占先"，如"发球方占先"或"接发球方占先"。

盘：先赢6局者赢得一盘，但比分必须差两局以上，如6:1或6:4，为发球方获得该盘的胜利。在比分为5:5双方还要再打2局，若先发球方赢了，该盘比分为7:5。然而，若局分为6:6，那就由抢七局来决定谁为胜者。所谓抢七局就是双方轮换发球，先得7分者为该盘的胜者。但在6平后必须一方赢得两分后才算获胜，如9:7或16:14等。抢七局发球的顺序是该盘先发球者发第一球，然后每人发两球后交换发球直到结束。

发球：比赛开始前双方通过掷币等方式决定谁是首局发球方，以后每局轮换发球。每局的第一个发球是发球员站在底线外、中线右侧，从自己的右半场向对方右半场发球区内发球。第二个发球则是从自己的左半场向对方的左半场发，如此直到一局结束。每次发球都有两次机会，因此有一发和二发之分。一发通常可以力量大些，若失误了还有一次机会。二发则一定要成功，否则就丢分了。因此大多数二发力量都比较弱。发球擦网后球落在了对方场地相应的发球区内可以再发一次，一发擦网仍然是一发，二发擦网也仍然只能是二发。球落在对方发球区外，比如球出界或下网，都称之为发球失误。若发球两次失误，就叫"双误"，对手就得一分。如果发球员在发球时脚踩在边线上，则为脚误，判发球员失分。

交换场地：第一局结束后双方交换场地，以后每两局交换一次，因此都是在双方局数相加为奇数时交换，如1:2、4:3、5:6时交换。此外每个抢七局在比分为之和6和6的倍数时也交换场地，如4:2、6:6时。每次交换场地时球员可以最长休息90秒。

中国的网球场以硬地为主，如南京玄武台山体育场的室内网球场。正手抽球的引拍要充分转体，挥拍时就能靠身体转动产生的动量而给出强劲的一击。

失误：球落在对方单打区以外的任何地方、下网都算失误。落在单打区线上的任何球都不算失误，哪怕是鹰眼显示球落点和边界线只有一点点连接，都算作界内球。如果球打中身体，则判失误。过网击球和手或身体的任何一部分触网或过网，也均判失误。

场地：网球场的单打区23.8米(78英尺)长，8.2米(27英尺)宽。再加宽到10.97米(36英尺)的外围线是双打场地。球网将球场一分为二，发球区就是指在距网6.4米(21英尺)处的横线与外侧单打线连接的区域。网球的网高为91.4厘米(3英尺)高。球场有草地、红土和硬地三种，其中草地球速快、弹跳差，以英国温布尔登为代表；红土球速慢，弹跳高，以法网的罗兰·加洛斯为代表。美国和澳大利亚网球公开赛均为硬地，其球速和弹跳介于草地和红土之间。大多数比赛和练习场地也以硬地为主。

SECTION

<竞技网球必需掌握的基本技术>

击球前的准备姿势

正手击球

反手击球

发球

接发球

正反手截击

高压扣杀

在做好准备活动上场后，不要一开始就急于在底线用力抽击，最好先站在发球线后（在半场处的横线），轻轻地互打几个回合。主要是体会击球的感觉，协调全身的肌肉，注意眼睛紧紧盯着球，尽量找到击球的甜点区（在球拍的中央偏下方，这个点击球时对球拍振动最小）。这样打个五分钟，就可以开始练习基本技术了。

要想学好网球，当然得掌握基本技术。网球的的基本技术主要可分为三类，即底线技术、网前技术和发球、接发球。学习的顺序通常是先学底线正反手击球，再学发球和接发球，然后学网前技术（正反手截击、高压球），最后学一些特殊技术如半截击、穿越球、放短球等。这样的学习顺序是根据竞赛网球的规律而总结得出，循此顺序而学，就会具有良好的基本功，打网球的兴趣也会越来越浓厚。

这些基本和特殊技术都有动作标准，但有不少球员觉得动作标准不标准无所谓，只要能把球打过去得分就可以了。甚至有些专业运动员也持这样的态度。其实网球的标准技术动作都是经过长期、大量实践所积累和证实的最佳击球方式，是击球效果最好、造成损伤最小的动作。因此，本书采用了国外最新推出的五角视图动作解析，从前、后、左、右、俯五个视角，来强调动作标准，弥补读者在看以往图解和电视、录像时单一视角的不足，从而更好地理解和掌握正确动作，以利快速提高。

POSITION BEFORE STROKE
击球前的准备姿势

一个正确的准备姿势是非常重要的，要把自己看作是一个压缩的弹簧，能够迅速地处理从对方球场飞来的各种球。无论是在底线还是网前，击球前的准备姿势基本上是相同的（下文不作特殊说明的皆以右手握拍为例）：球拍在胸前，拍框的边对着左前方，拍头略翘起高过手腕。不握拍的左手轻轻托着拍颈，眼睛注视对手或来球。上身微向前倾，双脚分开比肩略宽，含胸收腹，双膝微曲，前脚掌着地。

FOREHAND GROUND STROKE
正手击球

　　正手击球是网球中应用最多的技术。只要到网球场去看一下，就会发现打球的人大多数场合都是在底线正手抽球。多看一会，再拿着球拍挥动几次，就可以照葫芦画瓢先打起来了。正手抽球的整个动作通过下图的五角视图以每个角度的6张图片进行了解析。其中有四个要点：一是击球前先转体，以左肩对着球网，跨出左脚；二是拍面在击球的瞬间要和地面垂直，拍面向上会把球打高打飞；拍面向下球就容易下网。三是手腕不能翻动，尤其在击球的瞬间要固定住；四是击球过程中拍头始终要翘起，不能下垂。击球时要有转体动作，要有向前送球的感觉，击球后要做完跟进动作，右手到达左肩后再还原到准备姿势。

俯视图 BIRD'S-EYE VIEW | 正手击球动作

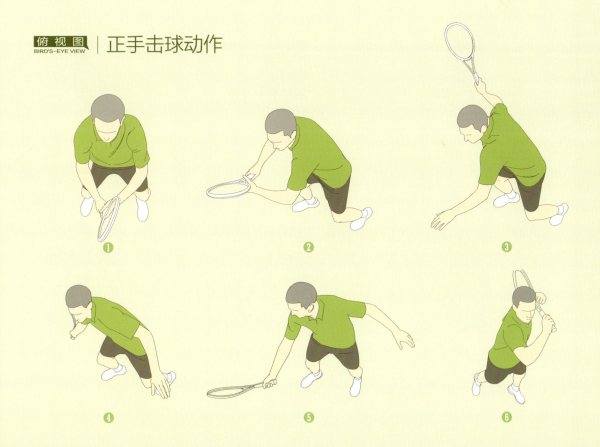

正视图
FRONT VIEW

❶ ❷ ❸

❹ ❺ ❻

右侧视图
RIGHT SIDE

❶ ❷ ❸

左侧视图
LEFT SIDE

❶   ❷   ❸

❹   ❺   ❻

BACKHAND GROUND STROKE
反手击球

近年来根据对网球运动力学的研究发现，双手反手击球比单手反手击球有明显的优越性，尤其是对初学者来说更是如此。因为双手握拍在拍柄上有两个支撑点，击球时拍面的稳定性强，不容易被来球撞动或扭转，因此动作比较固定，学起来比单手握拍快。而且双手击球的力量也较大。更重要的是打网球常见的"网球肘"、腕关节损伤大多是因为反手动作不正确造成的，而双手反手击球发生这些问题的机会就少多了。双手反手击球的缺点是照顾面积小，需要多跨一步才能到击球位置。但如果学会单手反手击球，能够在来球离身体较远的情况下运用，那么就能够充分发挥双手反手击球的长处了。双手反手击球的动作通过下图的五角视图进行了分解，其中有三个要点：一是要左手握紧球拍发力击球，右手支撑，不能搞错。通过转体在触球时发力。击球时右脚跨出，右肩对球网，动作结束时则面对球网。二是在击球的瞬间拍面同样要垂直于地面。三是击球后左手不要松开，一直随挥跟进到右肩。

俯视图 BIRD'S-EYE VIEW | 双手反手击球动作

❶

❷

❸

正视图 FRONT VIEW

左侧视图
LEFT SIDE

单手反手击球的动作比较舒展，但是相对比较难掌握，即便比较熟练了，在应付反手位跳得比较高的来球时，也是很困难的。单手反手动作的五角视图见下图。

学会底线正反手击球后就可以在场上放手练习了。首先要保证把球都打过网。再学着能够控制球的方向，如直线还是斜线。然后学怎样把球打得更深，即回球更接近对方场地的底线，让对方难以进攻。最后学打上旋球和大力抽杀。为了提高兴趣，练习底线击球时可以定个目标，如一定要连续打到十个或二十个回合。每打一个回合都叫出来。也可以计分，谁失误就计一分，先到十分者为负。

俯视图 | 单手反手击球动作
BIRD'S-EYE VIEW

正视图
FRONT VIEW

SERVE
发 球

发球是网球比赛的第一个动作,也是唯一能由自己掌握而不受对方影响与干扰的技术。但是纵观网球场上大多数打球的人,很多挥拍动作很潇洒的人一发起球来就窘相毕露了。这至少说明两点:一是不少人对发球不重视,二是发球是很难的技术。网球是一项竞技运动,不练好发球是体会不到成功和胜利的喜悦的。

发球的规定是发球者必须站在底线后以及中线和单打边线的假定延长线区域内,将球击向对方对角的发球区内。方法有下手式和上手式。下手式因为没有威力,只有在特殊场合才应用,因此这里只介绍上手式发球。发球由两部分组成,首先是向空中抛球,其次才是挥拍击球。抛球的好坏对于发球的成功与否是至关重要的,要想发好球,先要会抛球。抛球看似简单,就是把球向上扔而已,但要想扔好,非得下功夫练才行。抛球时左手以五指捏着球,在与眼睛同高处松开,把球向上托去。球不能有旋转,高度以超过右手握拍向上伸直时一到两英尺为宜,球下落时要落在身体右前方一米处。

知道如何抛球,就可以与击球动作配合起来练习了。通常是发球人以左肩对着球网侧身站好,两脚自然分开。当左手开始向上抛球时,握拍的右手便向下抡臂引拍再向上挥动。当右手到达头部右侧上方时,曲肘使拍头下垂碰到背部。再像扔东西那样,在身体的前上方充分伸展手臂挥拍击球。击球完毕后顺势挥拍到身体的左下方,随着冲力向前跨步,见下图的发球五角视图。

俯视图 BIRD'S-EYE VIEW | 发球动作

❶

❷

❸

另有一种稍简单的半甩式发球,即抛球前右手就握拍曲肘上举,拍头放在背部。抛球后直接从这个姿势开始击球。因此半甩式只是减少了向下引拍的动作,比较容易学些,但力量略嫌不足,初学者宜从半甩式开始学发球。发球的种类有平击大力发球、上旋发球和切削发球,这些发球的引拍和早期挥拍动作基本是相同的,但是在击球前和击球时不同,平击发球是在挥拍的最高点向前、向下发力;而上旋发球则是通过手腕的外翻向前、向外侧发力,请参见"上旋发球动作"五视图。

每次发球都有两次机会,通常第一发球可力量大些;落点刁些,多选择发内角或外角。

发球前要想好球的落点,多向对手的反手位发。当对手站位偏向反手时再变正手。

第二发球则可力量轻些,力求不失误。优秀运动员们通常以大力平击式发第一发球,而以稳定性高的旋转发球发第二发球。

❹　　　　　　　❺　　　　　　　❻

正视图 FRONT VIEW

右侧视图 RIGHT SIDE

TENNIS TECHNOLOGICAL LEARNING — 033

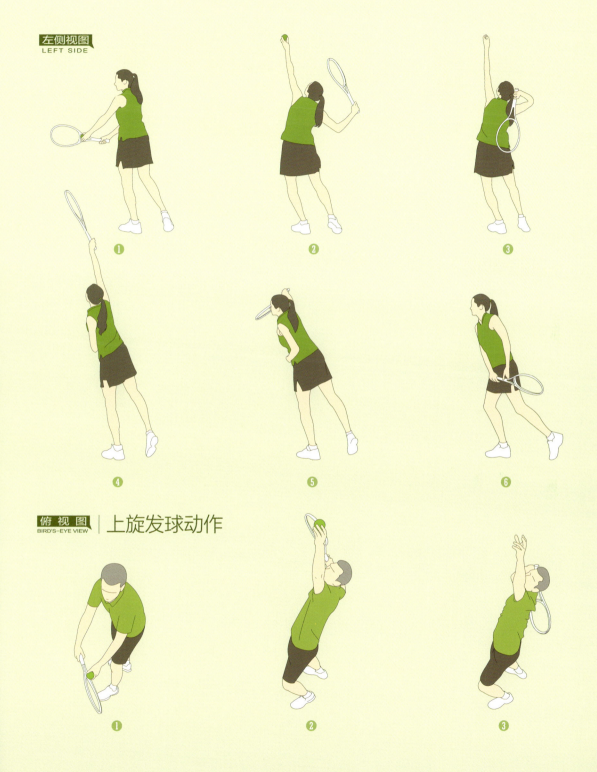

左侧视图 LEFT SIDE

俯视图 BIRD'S-EYE VIEW | 上旋发球动作

正视图
FRONT VIEW

左侧视图
LEFT SIDE

RETURN
接发球

对于初学者来说，和水平相近的对手打球，接发球要比发球容易的多，因为要发出高质量的球可不是朝夕之功。而接发球方在接对方较弱的第二发球时，可以用更具进攻性的打法回击，即便不能直接得分，也力争抢到主动。但高手对决时，发球方就有着相当的优势，如果被对手破了一个自己的发球局，就很有可能会丢失一盘。

根据对方发球的力量，接第一发球多在底线后，以前面介绍的准备姿势站好，两眼紧密注视着对方和来球，随时准备向前或左右方甚至后方跨步。在接对方第二发球时，则可以站到底线内。对方发过来的球速度慢时，可以用普通正反手击球动作把球打回。如果来球不慢，击球的后摆动作要小，以保证能在身体前方击球。如果来球速度很快，就要以削球方式把球打回去，因为削球的准备动作要比抽球来得快。接发球的落点以斜线的安全性为好，失误的机会少，但容易给对方获得主动权。回击直线球速度快，对对方的威胁大，不过容易失误。因此，接发球时，最好七成回斜线，即向来球方向打回去；三成回直线，将球打到对手不在的空场区。

无论是发球还是接发球，都要想到为下面的进攻制造机会。在网球战术中，积极抢到网前位置，以截击或扣杀回击来球，是非常有效的攻击性打法，常可以直接得分。

FOREHAND AND BACKHAND VOLLEY
正反手截击

在网球比赛中，网前区是一块战略要地。这不仅是因为网前击球速度快，对方来不及做好击球准备，而且在网前能打出角度很大的球，让对方根本碰不到球。更重要的是占据网前会给对方造成很大的心理压力，使得对手回球失误率大增。对于双打来说，网前更是兵家必争之地，高手们都是在网前较量的,谁被压迫在底线便必输无疑。

网前技术包括两个方面,一是一些基本动作,如正反手截击、高压扣杀。另外是如何才能占据网前区,包括发球上网、随击球上网、对方回击短球以及双打的直接网前站位。关于如何上网的问题,我们将在网球战术应用中详细分析。

正手截击:准备动作同抽球,但拍头比胸前要再高些,约在鼻尖的水平。击球时后摆要很小,主要是伸向右上方,跨出左脚,身体侧对球网。击球时手腕和手肘都要固定,如下图五角视图所示,通过身体的转动和大臂内收的动作来击球。如果手腕和手肘不能固定,球拍就会发生转动而不能控制回球方向,击球不是下网就是飞出场外。

俯视图 BIRD'S-EYE VIEW | 正手截击动作

❶　　　　❷　　　　❸

正视图 FRONT VIEW

❶　　　　❷　　　　❸

反手截击：动作要领与正手截击相似，只不过是跨出右脚，用反手方式击球。当然，动作难度也就要大多了。

<u>反手截击右脚在前，左转的身体随着击球向右转动增加击球的力量，这样就容易把球击向底线。</u>

俯视图 BIRD'S-EYE VIEW ｜反手截击动作

正视图 FRONT VIEW

OVERHEAD
高压扣杀

扣杀球和前文在发球中所介绍的半甩式发球非常相似，只不过是对手为你抛球罢了。但就因为是别人为你抛球，要想以发球动作来打就很不容易了。要知道，自己抛球可以尽量抛到合适的位置，对手抛球就得自己跑动找到最佳击球位置了。尤其是球是从对面场地抛过来，总会有一个弧度。因此高压扣杀是网球基本技术中最难掌握的技术。高压扣杀的基本要领是侧身左肩对球网，左臂伸直指向空中来球，握拍的右手大臂上举，抬肘曲前臂，拍头下垂到身后。同时侧身前后移动找好击球位置，当球降落到适当高度，向前、向上挥拍，在最高点击球。击球后身体重心前移，向下完成随势挥拍动作，如下图所示那样。

俯视图 BIRD'S-EYE VIEW | 高压扣杀动作

正视图 FRONT VIEW

SECTION 3

<怎样练习基本技术>

树立信心，明确目标

学好网球，功在场外

场上练习，必有所获

随时总结，自我评估

HOW TO PRACTICE
怎样练习基本技术

学会网球的基本动作并非难事，看看其他人怎么打的，再看看电视、读读书，依葫芦画瓢比划比划，就会有些模样了。如果条件允许，最好请个教练，帮助纠正一下动作。或者是自己悉心体会、揣摩，至少把不打球时的徒手动作做个八九不离十的。就像高尔夫迷们那样，一个击球动作，徒手练了千儿八百遍，还觉得这里不对劲，那里有偏差。

但学会了基本动作绝不等于你就能运用自如了。不是拳不离手、曲不离口地经常练习，上场后肯定发挥不出来。那么该怎样练习才能尽快进入高手或好手的行列呢？关键在于要有一个易于施行、循序渐进的练习方法。

一．树立信心，明确目标

每个人都能学会打网球。如果你每周能到球场打一到两次球，每次一到两小时，三个月后你必定会为自己的进步吃惊。只要持之以恒，球会越打越好，越打越喜欢；身体会越来越棒，越来越苗条。至于每个人具体的目标，也可以设置为"我要在一年内和某某打的一样好"，"我要给我的男朋友一个惊喜"，"减轻二十磅体重"，或者是每半年提高一个级别，等等。

二．学好网球，功在场外

打网球固然要到球场去打，但是要想打好，场外的练习也是必不可少的。尤其是在多雨季节，如果你还没有入迷到花钱天天去打室内网球，又想保持水准，继续提高，就只有多做场外练习。场外练习包括（A）素质练习：如耐力、速度、柔韧、灵敏性、爆发力，这些是从事各种体育运动都需要的。如果你不想天天去健身房，在家里也同样能做素质练习。跑步时可以先加速短跑，再慢速长跑；哑铃、俯卧撑能够练臂力；仰卧起坐练腹肌，跳绳练灵敏和协调。（B）挥拍练习：最好每天都至少持拍挥动数百次，主要重复正反手击球，发球和高压扣杀以及正反手截击。如果在房间里挥拍不方便，可以用乒乓球拍的横拍代替。要通过挥拍练习来纠正错误动作和体会发力。有不少人认为，管他动作对不对呢，只要能打球就行。须知，正确动作是长期大量的实践总结得出的，是最佳的击球方式。动作不正确是可以打球的，但肯定打不好。即使你的击球动作正确，也要通过反复练习而固定，习惯成自然了才能在任何时候都以正确动作击球。（C）击墙练习：关于击墙练习的重要性我们已经在前面讲过（参见"上场之前的准备"），这里再强调以下需要注意的事项。击墙练习不是随便把球往墙上打，要根据练习的内容考虑站位的距离（刚开始练习时近些，随着水平的提高逐步站远），击墙高度（如果练底线抽击要打在超过网高两米左右的地方，这样落点就深；如果练穿越球，落点就要相当于贴网而过的高度），击球时间（要逐渐养成在球落地起跳的最高点或上升期击球的习惯，这样打出的球速度快），以及发力强度（学会既能打重球，也能打出轻球）。练习时可以只练单项技术，重点在改善自己的弱项，如反手抽击；也可以综合练习，如发球、截击和高压扣杀。击墙练高压球时每次要把球从高入射角打在距墙一到两米远的地面上，球触墙后就会弹起很高，而能够连续打高压球。总之，一堵墙是一个水平最高、什么时候都能陪练的最佳对手，就看你自己怎么利用它。

三. 场上练习，必有所获

每次上场练球时，不要只是随便打打而已，要有明确的目的。根据不同的对手，事先把练习内容考虑和商量好，保证每次练习都能在技术上有所收获。如对手水平高，可以主要练跑动，以两点对一点方式练：对手把球打到两角，自己在底线来回跑动，尽量把每个球都打回去。如对手水平低，则可以练习如何控制落点，把球打在对手需要跨一到两步就能打到的地方。

底线抽击的练习顺序是先定线，后定点，最后定力量。定线如斜线对斜线，双方都打正手或反手；直线对直线，一方反手一方正手；横八字形练习，一方打斜线，一方回直线，球的飞行线路就像一个以球网为轴的八字形。定点是在定线练习有了一定基础时，尽量把球打到接近底线的练习方法。这样的练习将增加对方回击难度，形成习惯后，在比赛中特别有用。定力量是更高一个层次的练习，做法是把自己的击球力量分成五个或十个级别，每次击球前都无声地喊出击球的力量级别，击球后再体会实际的击球力量。当你具有随意控制击球力量的时候，你就掌握了场上的主动权了。

网前练习通常是在底线技术有了一定基础后再进行。因为网前球速度快，比较难掌握，练习时不能像练底线技术时定线、定点，要想少拣球，只能把球都尽量向对手的位置打。练正反手截击先从两人都在网前开始，速度慢些。然后一个在底线抽球，一个在网前截击。练截击的人通常站位是在球网和发球线二分之一处。练高压球时便只能一个在底线放高球，一个在网前区跑动练高压扣杀。

练发球最好是单人用多球练习，从力争少失误开始，然后增加力量和速度，最后是控制落点。练接发球时要让发球方站到发球线而不是底线来发，这样能够保证发球都落在发球区内，而且易于增加接发球的难度。

练习基本技术是比较枯燥的，除了要有恒心和毅力，还要积极动脑筋、想办法，找到有效的途径。这里给大家介绍提高练习基本技术兴趣的两个方法：一是双方共同努力，尽量多打几个回合，每打一个回合时都由一方大声报出来，看看最多

练好基本技术的关键在于树立信心，持之以恒；掌握正确动作，及时总结提高。

能打到多少回合。另外是计分比输赢，适用于水平比较接近的对手。谁先得到五分或十分便重新开始一局。

四. 随时总结，自我评估

苦练基本技术是提高网球水平的重要条件，但一味苦练而不注意总结提高，那也是无济于事的。有不少人打了多年的球，然而水平却始终停滞不前。一般来说，如果练习得法，每周平均有打一到两次球的机会，平时再注意场外练习，一年下来，是会有明显提高的。在没有教练的情况下，要想练习得法，就只能自己动脑筋、想办法。笔者建议，可以先在一个笔记本上把自己现在的网球水平从底线抽击，网前技术和发球、接发球几个方面做一个记录，如以正手抽击为例，"能与水平相当的对手最多打到十个来回，速度慢，不能把球打到底线，落点控制不好，击球不够规范，可能需要找人纠正动作"。这样的记录开始不一定要准确，主要是养成分析自己的习惯。知己知彼才能百战不殆，如果首先不能知己，当然难做常胜将军了。若每周或十天能记录一次，一年后你就会为自己的进步而感到鼓舞振奋，对日后的网球生涯充满信心了。

美国职业网球会的"自我评估指导"编撰了一个类似的小册子，也是按底线抽击、网前技术和发球、接发球的综合能力，分成从1.0、1.5到6.5、7.0的13个等级，以便网球爱好者们易于进行自我评估。大家可以随时参考书后的附录。

奥运一网事

郑洁、晏紫兵败北京之我见

北京奥运会中，郑洁、晏紫没有4年前雅典奥运李婷、孙甜甜走的远，在8月16日的半决赛中对阵西班牙加里奎斯/帕斯奎尔时，以0：2败下阵来，最后获得了一枚铜牌。

8月16日晚上8点，我们在看完了李娜对萨芬娜的半决赛后，到2号场现场观看了郑洁、晏紫对加里奎斯/帕斯奎尔的"滑铁卢之役"，真是感到非常可惜。双方的水平其实差距不大，如果在战术上能应对妥当，是完全可以拿下的。

其实在心理上，郑洁、晏紫是憋足了劲的，这不仅是因为在北京奥运的主场，还因为就在2个月前的罗兰·加洛斯法网大赛上，中国金花在16强之战中输给了西班牙双姝，成就了他人的夺冠之梦。由于双打的特点，发球方是占有较大优势的，破发比较困难。如果有一局破发成功，往往就决定了该盘的胜负，有点像温布尔登的男单之争，谁破发一局，谁就拿下一盘，否则只能到抢7局中一决雌雄了。开赛之初，双方倒都是互保发球局的。但是晏紫的发球太弱，监视器显示，一发每小时只有120公里，二发有时还不到110公里，比起大小威的190公里差得太多了，即便比起对手的160多公里也是相形见绌。由于晏紫发球太软，所以不敢在发球后积极随球上网，经常和对手在拼底线对角抽杀。高水平的网球双打是谁在底线谁输球。看看前面一场男双美国布莱恩兄弟对法国选手克莱蒙和罗德拉的男双铜牌之争，那完全是在网前眼花缭乱的一场混战。当晏紫丢掉一个发球局后，结果就是第一盘以4：6两局之差而败北。第二盘西班牙双姝改变了战术，抢抢更加积极了，尤其是在发球局向左半区发球时，双方都站在左半场，专门等郑洁回过来的斜线球，然后截击抢到先机甚至直接得分。所以西班牙双姝的发球局在前面5局都是很轻松就拿下了。中国金花虽然也想力保自己的发球局，但晏紫的弱点还是被西班牙双姝紧紧抓住，结果又被破了一个发球局。比分到了4：5，西班牙双姝的发球胜盘局。没想到，在这最后的关头，大概中国金花也是破釜沉舟了，晏紫、郑洁都在接发球后拼命向网前冲，竟然破了对方的一个发球局，把比分改写为5：5平，让观众看到了希望。双方互相又拿下了自己的一个发球局后，来到了第二盘6：6的抢7局。在抢7局里，平时的功夫和水平就看出来了，西班牙双姝的发球分基本都拿下了，而晏紫的发球局却会失分，就这样，抢7局中4：7的比分使得郑洁、晏紫无缘决赛。

其实，如果晏紫在发球或接发球后勇敢地冲向网前，虽然也许会有失球，但凭借她一米七六的身高，在网前将会比郑洁更加大有作为的。而且晏紫在有机会上网后也的确频频打出漂亮的拦网截击和高压扣杀。即便是她们有机会面对本届奥运冠军威廉姆斯姐妹，中国的金花组合也不是没有机会的。虽然大小威廉姆斯都以发球凶猛著称，但是小威粗壮的身材绝对比不上晏紫在场上燕子般的轻盈灵巧。我相信如果郑洁、晏紫组合今后在网前的拼抢更积极的话，她们一定会在四大满贯赛中走得更远。

SECTION

<网球技术的十八般武艺>

放 高 球

削　　球

上 旋 球

随 击 球

穿 越 球

半 截 击

凌 空 球

放 短 球

在练习基本技术的同时，还要学会一些其他技术，所谓艺多不压人。待到上场对垒时，你就能根据对手的情况来自如地运用不同武艺了。

LOB 放高球

放高球：高球对于中级水平以下的对手可以说是制胜的法宝。无论对手是在网前还是在底线，你只管把球朝天上打，只要能落在场内，打的越高越好。然后你就冷眼静观对手怎样被压在底线，用完全变形的动作吃力地试着把球打过来。放高球又分防守性和进攻性两种。前者通常是在自己处于被动的情况下应用，只要拍面朝上打就行。回一个高球，既让对方难受，又使自己有时间回到有利位置，何乐而不为呢。进攻性高球需要以拉上旋球的动作打出，落地后球跳的更高，威胁更大。当对方上网而自己又有足够的时间，放一个上旋高球到对方的反手底线处往往就直接得分了。

SLICE 削球

削球以反手为主，击出的是下旋球，落地起跳低，向前移动慢，使对手回击困难。前世界女网一号选手、德国的格拉芙回击所有的反手球都是削球。她的削球角度大，落点刁，与凶猛的正手上旋抽击相结合，一高一低，一快一慢，一冲一顿，实在让对手难以应付。前温布尔登大赛的女单冠军、捷克的诺沃特娜更是正反手都有令对手一见就怵的削球，应用在柔软平滑、弹性很低的草地上，就连当时的世界女网一号，英勇无比的瑞士小将辛吉斯也束手无策。在半决赛中，每当辛吉斯勉强把诺沃特娜奋力削来、离地面只有几英寸的球托过网时，诺沃特娜已经等在了网前，一记截击便把辛吉斯打得毫无招架之力。

削球的特点是向后拉拍时间短，在身体较近或较远都能够打，所以当遇上击球位置不佳或身体失去平衡时，特别是当对方的抽击或发球既凶且快时，削球回击安全系数要大的多。但削球没有前冲性，且速度较慢，如果不能削得低或打到底线附近，经常也会被比较强的对手跨入中场而一记打杀。反手削球是最常用的，动作可参见下图。削球的要点是击球前转体动作要大，像诺沃特娜的反手削球几乎是整个背部都对着球网。

然后是靠腰胯的转动带动大臂自上而下挥动，击球后有一个顺势前送的动作，以尽量把球打深。在利用削球后跟进上网打截击时（称作随击球，下面将谈到），还要注意球的飞行弧度要低，让对方在回击时只能向上挑，便于自己网前截击或扣杀。

俯视图 bird's-eye view | 反手削球动作

正视图 FRONT VIEW

右侧视图
RIGHT SIDE

❶　❷　❸　❹　❺

背视图
BEHIND

❶　❷　❸　❹　❺

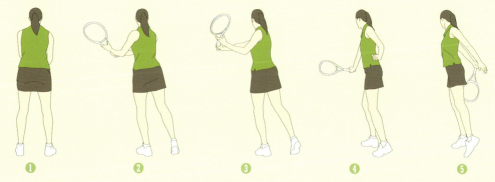

左侧视图
LEFT SIDE

❶　❷　❸　❹　❺

TOPSPIN
上旋球

由于球向上旋转，就好像向前翻滚的巨浪，当到达波峰后，下落很快且陡峭，所以上旋球容易过网而又不易出界。上旋球的另一个特点是落地后弹跳高，能够把对手压到后场。但是上旋球用老式的球拍很难打，因此当初瑞典的网球天才博格是通过上千万次的击墙苦练，才终于掌握了正反手强劲的上旋球。当博格把上旋球应用到网坛后，其效应就如同在20世纪50年代乒乓界，日本发明了秘密武器弧圈球，从而使日本队雄居世界乒坛霸主一样。从20世纪60年代末到20世纪70年代中，博格几乎包揽了所有大满贯赛事的金牌。如今制拍技术不断发展，上旋球在网球中的应用越来越普遍，差不多每个职业选手都能打出高质量的上旋球，尤其是底线型打法的选手，如西班牙的纳达尔、美国的阿加西等，他们每一个猛烈的抽球都带着强烈的上旋。打出上旋球的动作要点是球拍向上摩擦球。打上旋球和乒乓球拉弧圈有很多相似处，如球拍吃球要薄，主要是摩擦而不是撞击球；爆发力要强，全身的力量（包括腰背转体，腿蹬地的力量）都要用在击球的瞬间。这样拉出的上旋球就有很强的前冲力，不仅稳定性高，也常常能制造进攻的机会甚至直接得分。

是对手太强大还是观众太无知？

—— 我看中国网坛一姐对决萨芬娜的滑铁卢之役

虽然川妹子郑洁在今年6月份世界网坛的最高级别赛事——伦敦的温布尔登网球公开赛中打入了4强，成为有史以来中国网球队员在单打比赛中的最佳战绩，但中国网坛一姐的宝座还是非李娜莫属。一方面是李娜在她近年来参赛的国际赛事中大多都有上佳表现，尽管还没有杀入四大满贯的四强之列，但多次进入了十六强、八强，世界排名最高曾达到第16位。此次北京奥运期间，李娜表现神勇，在力克前美网冠军、俄国红粉军团代表人物之一的库茨涅佐娃后，又在4强争夺战中把不可一世的大威廉姆斯给生生拉下了马。半决赛的对手萨芬娜，也是一个了不得的人物。她是曾经领军俄国网坛的一号人物、"沙皇"萨芬的妹妹，身高一米八二，非常孔武有力，有强大的底线攻势，在今年法国网球公开赛上一举打入决赛，最后惜败给塞尔维亚的美女伊万诺维奇。萨芬娜的世界排名最高为第9位。

根据赛前的预测，李娜对萨芬娜还是有的一拼的。首先两人打法相近，都是底线攻击的重炮手，发球强劲，抽击凌厉，体力充沛，在场上总是咄咄逼人。共同的缺陷是一旦急躁起来，可以稀里哗啦地连续把球打出场外。8月16日下午4点钟，李娜和萨芬娜半决赛遭遇战就在奥林匹克公园网球中心的中央球场拉开了帷幕。我和友人提前一小时从北土城西路的奥运公交车总站乘免费公交，到北场馆群站下车，3点45分时赶到了网球中心。开赛前赛场明显没有坐满，观众们在络绎不绝地进来。李娜和萨芬娜入场时，观众一片欢呼，"李娜，加油！""中国，加油！"的喊声立时响彻馆内。

场地和发球后开始练习，友人当时就说，"糟糕，李娜今天可能过不了萨芬娜这一关！"因为李娜练球时就时常把球打出界。这是李娜的主要问题，急躁的表现。果然，开赛伊始，第一局李娜发球就没能拿下。换边再战，萨芬娜第一发球的命中率很高，几乎达到80%，而且球速基本上在每小时160－170公里，比李娜要快10公里左右。俄国壮妞拿下第二局后场上比分成为2:0，给李娜的压力大增。第三局李娜咬牙拿下，但萨芬娜随后拿下了自己的发球局。在1:3时李娜力保自己的发球局后终于成功破了萨芬娜的一个发球局，比分变成3:3。观众一下激动起来，"李娜，加油"的喊声大增。但是不少声音很大的观众基本上不了解网球规则，有时明明是李娜失误，也在那里鼓掌、欢呼，直到裁判报分后才发现自己是为萨芬娜叫好。后来双方力保自己发球局不失，但很明显，萨芬娜保发很轻松，而李娜的发球局经常要打到平分，还不时出现好几个破发点，才勉强成功保发。两人都是在底线猛抽，很少上网截击。虽然回合也不少，观众因此很激动，但真正精彩的网前争夺局面几乎没有。双方最后打成6:6进入抢七阶段。这下李娜明显不占优势了，很快便以3:7丢掉了首盘。

第二盘开始，双方依旧是底线对攻，但李娜在节奏上有所控制，无谓失误因此有所减少；相反，萨芬娜反而略显急躁，李娜一局破发成功，并一直维持，因而一路领先。打到了5:4时，来到了李娜的发球胜盘局，只要拿下这一发球局，就会以6:4结束第二盘，从而有机会上演逆转了。然而，就在李娜已经拿到了盘点，也就是再赢一分，就会赢得第二盘时，李娜一记大角度猛抽，迫使萨芬娜跑动不到位，被迫放出了高球时，这时有些观众就激动地大喊"李娜，加油！"。李娜后退没有到位，一记扣杀手腕下压不够，球飞向了界外。萨芬娜缓过气来，得到一个机会，结果破发成功，使得李娜错过了扳平盘分的机会。输了发球局，又恼又气的李娜朝着看台怒吼一声"Shut Up"，以示不满。在随后的两局中，她的情绪明显不稳定，无谓失误突然增多，以至最终5:7落败，无缘决赛。

从我作为这场比赛的观众来说，的确感到国内的一些观众实在不应该来看网球比赛。坐在我们身后的一对年轻男女，就在那里不停地大声说话，根本就搞不清网球的记分和发球规则，对第一场的抢七记分完全不知所以然，还在那里大声胡说。我们回头好几次，请他们不要在比赛尚未停歇的时候说话，他们的态度倒还好，但却根本没有改正的意思，停了一会还是继续在说。而其他观众更是莫明其妙地随时在喊"李娜，加油！"、"中国，加油！"，让人听着实在烦心。其实在进入网球馆时，志愿者就已经向每一位观众发了一张《网球观众指南》，其中在简单介绍了网球运动和规则后，明确提示：不要制造影响运动员或其他观众的声音，避免大声说话。鼓掌加油时要注意，只有在一分的比赛确实结束时，才可开始叫好。某些中国观众虽然能在北京奥运上扬眉吐气，但在所有比赛中只会喊"加油！""加油！"两个字，也确实有点可怜。李娜在本届奥运会上状态上佳，此役的失利，说不定和来自热心帮倒忙的国内观众的干扰有关，因此甚为可惜。在后来的争夺铜牌之战中，李娜明显没有了斗志，和另一位俄国红粉对决时，虽然水平相差不大，但第一盘竟以0:6交卷，让热心的国内观众们委实难受。不过，李娜仍然创造了中国网球女单在奥运史上的最好成绩。

APPROACH SHOT
随击球

网球比赛中，谁能抢到网前谁就占据了主动。当对方打出短球时，你可以自然上网；你也可以通过发出有力和大角度的发球，使对方接发球困难而上网。在与对方底线相持时，就要靠先打一板随击球，才能跟着上网。打随击球通常是在对方回球较弱，或距网较近时应用，一般以反手削球为主，但上旋球和平击球也都可以根据个人掌握程度和当时的机会而使用。如前世界男单一号、瑞典的埃德博格多以上旋球作为随击球而冲向网前；但大多数运动员都主要以削球来打随击球。而 20 世纪 70 年代的球王、美国的网球天才约翰·麦肯罗则是什么球都能当作随击球来应用。随击球和一般底线回击的不同之处在于击球时要有一股向前的冲力，要在击球前就做好充分的思想准备，击球后借势就向前场迅速跑动，不能有丝毫迟疑。以上旋来打随击球时，手臂的后摆幅度要小，否则球比较容易出界。随击球大都是打直线，这样便于控制对手回击的角度，为下面的截击创造好的机会。球的落点也要尽量近底线，使对方回击困难。如果你掌握了随击球，便有可能在网前大开杀戒了。

PASSING SHOT
穿越球

当对手通过发球或随击球上到了网前准备对你下杀手时，你有两个选择：一个是放高球到后场去，进攻性或防御性的都行；另一个就是以穿越球回击。穿越球与一般底线击球相似，但要想真正取得穿越的功效，球过网时必须要低。如果你的回球贴网而过的话，即便没有打到对方的空当，或者对方已经占据了网前有利的位置，他也只有把球挑高这一唯一对策，反而把机会拱手让给了你。除了回球要低，还要加上上旋，这样球会尽快落地，让对方没有截击的机会。因此，平时练习穿越球时，要有尽量低的意识，宁可下网而失误，也不要让对方碰到球。

HALF VOLLEY
半截击

这是一种介乎底线抽击和截击的特殊击球方法，一般是在球员上网过程中，遇到对方回击一个又强又低，且落在脚边的球。或者是对方击过来一个大角度的底线抽球，你只能够跑到落球点去击球才来得及。这样，你只有在球刚跳起的时候，以尽量短的时间来做准备，通过很小的手臂摆动，主要借助来球的力量，半推半送把球击回到对方的场中。因此，半截击完全是一种防御性过渡打法，只要能把球回过去，不失误便是万幸。当然如果再能把球打到底线附近，就会起到和随击球相似的作用了。不管怎样，半截击后如果有可能，应当尽量向网前跑动，准备下一个球打截击。

俯视图 bird's-eye view | 半截击动作

正视图 FRONT VIEW

右侧视图 RIGHT SIDE

❶ ❷ ❸

背视图 BEHIND

❶ ❷ ❸

左侧视图 LEFT SIDE

❶ ❷ ❸

DRIVE VOLLEY
凌空球

当来球速度较慢，或者你已经站好位置、做好了准备，在回球还没有落地的时候，以正手抽击的动作，将球狠狠打入对方的场内。打凌空球要判断准确，击球点一定要掌握好，既不能太高，也不能太低，且多半是在中后场时运用。

跨入场内，在来球落地前凌空抽击。

奥运一网事

在北京看中网

金秋时节，一年一度的中国网球公开赛在北京拉下了帷幕。虽然中国金花们没有收获一枚金牌，但女双拿了一个亚军，女单郑洁进入了前四，也算是有所斩获吧。

在北京的好处就是有可能看到各种高水平的体育比赛，包括像奥运会这样的比赛。奥运期间我送给友人一张网球半决赛的票；作为回报，她也送给了我中网四分之一和半决赛的两套票。2008年是中网在北京南三环光彩网球中心的最后一次，从2009年开始就会搬到奥运网球中心去了。所以今年的中网办得非常隆重，也得到了北京奔驰、爱立信这样大赞助商的支持。

在现场看网球赛的好处是能同时看到多场比赛，即便是决赛，也有男单、女单、男双、女双四项。半决赛更是可以看到8场了。先来到外围1号场，那里的女双半决赛已经快要结束了，中国女双的黑马组合韩馨蕴/徐一璠在先输一盘后，正重整旗鼓，与昨天淘汰了郑洁/晏紫的哈萨克斯坦/泰国组合谢苏威娃/塔纳苏甘鏖战正酣。当时场上的比分是中国金花占优，两位身材修长的姑娘士气很高，场上跑动非常灵活，拦截、抢网、高压球，很是积极主动，把对手打得只有招架之力。场外的观众自然是为她们欢呼鼓劲。果然，她们以6:2扳回了第二盘，把对手拖入了决胜盘。中网的双打为了加快速度，在1平时不是打第三盘，而是以类似抢七的方式

来打抢十，即先赢得10分者为胜方。乘着上一场的气势，中国金花根本没有给对手喘息的机会，就有10:3的悬殊比分，为郑洁/晏紫复了仇。

清场后，来了两个外国球员在1号场练球。一看他们的出手，就知道是世界一流的，底线抽球、截击和高压、发球上网，那力量和速度，对于我们这样业余网球爱好者来说，能在场边2~3米的距离观看，简直是难得的享受。趁着他们捡球的功夫，一问才知道原来是此次中网的1号男双种子，澳大利亚的哈斯和英国的哈金斯。他们半小时后要与德国的舒德勒/瑞蒙在这里进行半决赛，先熟悉一下场地。过了一会儿德国的两个队员也来了，但是观众却没有多少，大多数都去主场看另外一对中国金花鲁晶晶/张帅的半决赛去了。在外围场地的好处就是观众和球场非常近，那种现场感觉是看电视转播完全不能比拟的。而男双比赛的特点是一个"快"字，双方几乎都是在发球后就抢到了网前，击球速度基本上是让人眼花缭乱的，完全不像单打那样经常要打许多回合才能结束一分。在这样的比赛中，发球局是非常重要的，一旦被破了一个发球局，这一盘基本上就没有希望了。果然，第一盘在4个平局后，哈斯/哈金斯破了对手一个发球局，由此拿下了第一盘。第二盘在2平后他们又破了对手一个发球局，由此便以2:0赢得了比赛。第二天

从新闻中知道,他们果然获得了中网的冠军。

晚上7点,半决赛的重头戏开始了。第一场是美国的1号、发球大炮罗迪克对德国的黑马新秀法马。罗迪克是美国在桑普拉斯和阿加西之后的希望之星,曾排名世界第二,可惜从来没有拿到过四大满贯的冠军,他是此次中网的男单1号种子。小将法马虽然排名在百位之外,身高也只有一米七五,但技术却非常高超,反手单手击球非常迅猛,比起罗迪克的双手反手击球感觉上更为有力。比赛开始就见罗迪克的发球果然名不虚传,他的发球局基本上就没有几个回合,只要第一发球成功,不是Ace就是轻易得分。其实他的发球速度并不是特别快,通常在每小时220公里左右,比起原来澳洲大炮菲利普西斯接近每小时250公里的发球来说还是要慢一些。但是罗迪克的发球落点非常刁,都是在靠近内角或外角的边线上,让对手以为出界了而没去接,所以每场比赛才会经常有20多个Ace(接发球的对手没有碰到球)。而法马的发球局要拿下就比较吃力了,都是要通过底线相持再找机会上网截击才能拿下一分。首盘中罗迪克破了法马的一个发球局,以6:4拿下了第一盘。第二盘法马改变了接发球战术,以猜测发球落点的方式发力回击,只要能碰上,罗迪克就非常被动,因为回球速度太快了。这样影响了罗迪克一发的准确性,法马在罗迪克的发球局也有缠斗的机会了。结果双方打入了抢七局,罗迪克竟然以4:7丢掉了抢七局,气得他当时就从底线把球拍砸向了球网。第三盘罗迪克调整了发球落点,让法马没法猜测准确,以6:1终结了法马的黑马之旅。

晚上9点钟,女单半决赛郑洁出场对阵俄国的库兹涅佐娃,这是一场世界30号对3号之争。郑洁在前一天的比赛中挟主场之利,把世界排名一号的塞尔维亚美女伊万诺维奇淘汰出了4强。中国的女单一姐李娜曾在奥运会上击败过库娃,因此郑洁并不是没有希望。虽然郑洁身高只有一米六二左右,发球速度因此较慢,一发通常不超过每小时130公里,但她的底线技术非常稳定,不像一姐李娜,经常莫明其妙地就把一个好球给打飞了。两人两年前曾在多哈有过一次交手,当时库兹涅佐娃只让郑洁拿到了一局。尽管如今的郑洁已经今非昔比,尤其在今年杀入温网女单四强和连续两次击败伊万诺维奇后受到了世界关注,但库兹涅佐娃近来的状态同样非常出色,不但帮助俄罗斯队勇夺联合会杯冠军,而且还在上周的东京杀入了决赛。

在比赛中郑洁的表现是非常突出的,她的回球很稳定,很少有非受迫性失误,而且击球的落点刁钻、速度极快,还抓住机会就上网,成功拦截了好几个球。尽管实力强大的库娃最后赢得了比赛,但的确赢得非常不容易,从比分上就可以看出,第一局直到抢七才分出胜负;第二局也是一直打到了5:7才最后落败。

在看夜场比赛时正值北京秋季降温,当时的气温只有10度左右,我只穿了一件单衣坐在露天的中央球场中,真是冻得浑身发抖。也是,看看其他人都有戴着羽绒帽把脸都蒙住,只留双眼睛在那里看比赛。因此除了看比赛坐在那里,其他时间我就一直不停地在场地上奔跑。出来时打不上出租,就一直跑步跑了接近两公里,身上都出汗了。不过能有幸亲临现场看到这样的世界顶级赛事,就是有个头疼脑热的也值。

(中网最后的赛事结果是罗迪克获得男单冠军,塞尔维亚的杨柯维奇获女单冠军;男双冠军由哈斯/哈金斯获得,女双冠军落入了西班牙/丹麦组合加里奎斯/沃兹尼亚奇之手)

DROP SHOT
放短球

如果能在比赛中出其不意地吊一个短球，让对方只能望球兴叹，也的确是挺快意的。但是放短球可不是容易掌握的技术，因为若不能掌握好落点和时机，被对方乘机上网下杀手，反而是偷鸡不成反蚀把米、搬起石头砸了自己的脚。放短球的关键是要学会卸力，即触球前突然减轻击球力量（见下图）。因此放短球一定要经过长期的练习，有了八成以上的把握才考虑作为自己的秘密武器。掌握放短球的时机是非常重要的，最好的机会是对方在中场或近网处感到没把握而向底线退却的时候。其次是对方回球落到中场，你可以打随击球时。

俯视图 bird's-eye view | **放短球动作**

正视图 FRONT VIEW

右侧视图
RIGHT SIDE

① ② ③

背视图
BEHIND

① ② ③

左侧视图
LEFT SIDE

① ② ③

TENNIS TECHNOLOGICAL LEARNING — 067

SECTION

<单打制胜法宝：用大脑打球>

自身打法的形成

不同战术的应用

心理战的妙用

TACTICS FOR TENNIS GAME
单打致胜法宝：用大脑打球

当你掌握了基本技术，又学得了几招秘密武器，自然很想找个对手来一试牛刀，享受一下胜利的喜悦了。要想赢球，说容易也容易，找个技不如己或是刚刚摸拍的对手，当然是如砍瓜切菜一般；说难也难，遇到比自己水平高出两三个等级的对手，无论你技术多么全面，体力多么充沛，或者爹妈给的脑袋特别灵，也都是无济于事的，只能乖乖地当别人的下酒菜。这说明，只有在和自己水平接近的对手比赛时，才有可能通过战术的运用达到制胜的目的。这么说吧，如果你不动脑筋，没有战术，凭着自己的感觉去比赛，当遇到和你水平相当的对手，也没有战术时，你获胜的机会是百分之五十。但如果你做了充分的赛前准备，有一个正确的战术计划和应变措施，你获胜的概率将有可能会增加到百分之八十左右。甚至那些平时水平比你稍高一等的人，也有可能被有备而来的你打得大败而归。因此，比赛前建立战术计划并在比赛中正确运用，是很有必要的。要想达到这个目的，首先要形成自身的打法，而在不同的水平阶段，战术也很不相同。若再能结合心理战，利用一切自然条件，获胜的机会还能继续提高。下面我们分别来进行探讨。

DEVELOP YOUR OWN TACTICS
自身打法的形成

战术计划都是建立在自己的水平和打法基础上的，因此在练习了一段时间后，就会有一定的打法。一般的网球书上通常都开列出如下的几种打法：

（1）底线防守型打法，代表选手有张德培、西班牙的莫亚以及奥地利的穆斯特等。

（2）底线进攻型，代表选手有曾经排名世界男单一号的西班牙球员纳达尔，美国的退役球王阿加西，曾经列为世界女网一号德国的格拉芙和瑞士的辛吉斯以及美国的威廉姆斯姐妹等。

（3）发球上网型，这样的代表有美国公开赛冠军、澳大利亚的拉夫特，曾经排名世界第四的加拿大籍英国球员鲁塞德斯基，以及曾获温布尔登男单亚军、克罗地亚的伊万尼塞维奇。女子则较少，只有曾获得过22次大满贯冠军，后移居美国的捷克女金刚纳芙拉蒂诺娃和捷克的退役女将诺沃特娜等。

（4）全场型，这样打法的选手比较少，因为各方面的要求太高，只有连续五年稳坐男单王座的桑普拉斯和1996年温布尔登男单冠军获得者、荷兰的克拉吉塞克和当代球王瑞士的费德勒属于这一类型。

根据美国职业网球协会的自我评估手册，形成这样明显的战术风格，通常要达到6.0以上水平的选手才有可能，尤其是发球上网和全场型打法，没有高大的身材和敏锐的场上预测能力，是很难在对手水平相近时打出来的。那么对于大多数网球业余爱好者来说，也就主要在底线发挥特长了。但即便是底线型打法，也有在网前击球多少之分。有的人只要有机会，如对方打出短球时，便积极跟进上网；而有的人则在冲到网前打过球了还要再退回到底线去。一般来说，如果网前技术基本能应用了，原则上是底线相持，上网得分；如果上网基本上是丢分的，便只能发展成死守底线型。发球上网型打法可在达到4.0后再根据自己的身体条件考虑发展。确定了自己的基本打法，就要开始研究对手了。

TACTICS FOR DIFFERENT LEVELS
不同战术的应用

孙子兵法云"知己知彼，百战不殆"。用在网球比赛中，虽然不能百战不殆，至少能做个常胜将军。前面说过，如果你和比你水平高几个档次的对手交手，他只要一记普通的底线抽球，你就接不到。不管你是什么打法，用什么战术，都是无济于事的，这完全是一个实力问题。但通常比赛大多是在水平接近的对手之间进行的，如北美的比赛都是分级的。所以在赛场上，一定要对自己和对手的水平有一个正确的估计。网球的战术根据自身和对手水平的高低，有着完全不同的内容。一般来说，水平在 3.0 以下时，双方的控制球能力都有限，战术比较简单；超过 3.0 则因对手的水平提高，战术变化也相应增多。

一、水平在 3.0 以下的战术

首先是稳扎稳打，要牢固树立把每一个球安全打到场内的观念。这个水平的球员的共同问题是稳定性差，网前功夫欠缺，没有中场一板打死对手的能力。如果你做好打五个回合才赢一分的思想准备并努力去做时，你就等着对方的失误吧。不要怕把球打到中场或近网区，你的目标是回球的安全系数要高。即便对方偶尔打出几个漂亮球让你接不到，继续让他打好了。

其次是调动对手，把球打到空场区。一般的做法是对手打斜线球时，你以直线球回击，对手打直线时以斜线回击，对手在底线后面可以放一个短球，若对手到了网前就打后场。这样球就总是远离对手，迫使对手要在跑动中击球，增加他的击球失误率。在打对手空场区时，要有安全第一的意识，不要打大角度斜线或过网高度很低的直线球，要尽量让球落到距边线或底线两米以内的场中。

然后是进攻对手的弱点，通常是把球尽量打到对方的反手位，对绝大多数水平在 3.0 以下的人来说，反手都是弱点。当然网前也是他们的弱点之一，但是如果网前球没有打好，如击球过软且对方已经做好了准备，他即便水平不高，也只需随便一击就会让你很难受，因网前击球很容易打出大角度和快速的球。而打对方反手就没有这样的担忧，只要对方是用反手来击球，你就可以立等他失误了。唯一的例外是当你和左撇子对垒时，攻反手的战术便不很

灵验了。道理很简单，在他和你打之前，他就主要是以自己的反手来和大多数对手的正手抗衡的。

最后有效的一招是放高球。高手对峙，不到迫不得已时是不会放高球的，因对手到位后扣杀或做好准备打上升球，都会让你再碰不到球的。然而，在对手还没有这个水平时，你不管他是在底线、中场还是网前，放高球都会有很好的效果。想当初，一个经常和笔者过招的对手几乎在大半年时间里的十多场比赛中，主要就是靠放高球赢的。你的对手如果不到 3.0 的水平，那就经常放一些高球，通常他不是只能还以高球，毫无其他办法。

假如你现在还是网球的初段水平，请记住你的战术原则：稳扎稳打，进攻反手，调动对方，多放高球。你会发现那些平时水平和你不相伯仲的对手们很快就向你俯首称臣了。

二、水平在 3.0 以上的战术

如果你已经具有一定水平，自然也多半是和水平相当的对手角逐。前面讲的低水平基本战术，如稳扎稳打，调动对手，攻击弱点等仍然适用，只是高球不能多放。不过高手对阵，光有这几招还不够，还要建立进攻意识，抢占场上主动权，主要体现在把球压向底线，进攻短球，处理好发球、接发球和根据对手打法进行调整。下面分别加以介绍。

压底线——把球打向底线会增加对方回击的难度，缩小回击的角度，减少对方上网进攻的机会，同时使自己有充裕的时间为下次击球做好准备。压底线是 稳扎稳打的延伸，不要指望自己球打深了对手就一定会失误，其目的是

在自己没有威胁的情况下寻找和等待进攻的机会。

进攻短球——对于低水平的人来说，短球是指落在发球线内的近网球。但对高手来说，只要是能进入底线内打的球就可以判断为短球。如果你在打这样的短球时已经跑动到位并做好了击球准备，就要考虑如何来进攻了。你可以以一记贴网的大角度抽击打死对方（叫做 winner），或者打一个随击球后跟进上网。记住，随击球要多打直线，而且最好用削球来打，这样对方回击时易把球挑高，给你下一记截击带来便利。

发球与接发——乒乓球的发球抢攻和接发球抢攻战术是全局制胜的关键战术，但网球发球和接发球战术抢攻并不放在首位，盖因使用的球拍性能不同，网球的旋转不能像乒乓球那样可以造成那么强烈的影响，而且发球员有两次发球机会，所以发球直接制胜的首位因素是速度，其他落点和旋转都比速度的作用差很多。因此，网球发球虽然有爱斯（Ace，接发球方没有碰到球），但在水平相当的对手比赛时，通常都是要打许多回合才能赢得一分的。

发球：发球的原则中抢攻并不放在首位，而是命中率要高，其次才考虑速度和落点。第一发球和第二发球的战略和重点都不相同。第一发球的目的是让对方给你提供机会球，而不要想到直接得分甚或得到爱斯。通常在发出第一发球后，就要做好进入场内击球的准备。如果对方的回球很弱，或者你是以发球上网打法为主的，你也可以积极冲上去打截击。而第二发球则要尽量避免双误，这时候旋转球就能够派上用场了。发球软弱一点也没有关系，一般只要发到对方的反手位，就有可能在底线和对方相持。总之，第二发球只要使对方不能猛抽过来，或者打出落点刁钻的随击球来，就达到了目的。但如果每次自己的第二发球都被对方占据主动，那就要在第一发球上下功夫了，这时要减轻力量忘记落点，以第二发球的方式来发第一发球，即保证每球都成功。一般来说，接发球一方通常不会抢攻第一发球，除非双方差距太大。

接发球：接第一发球的原则是要保证过网，尤其是碰到发球强劲的对手，还要适当地从底线位置后退两步才成。通常以斜线球回击比较保险，即球从哪儿来，就往哪里打。当对手发第二发球时，就要告诉自己机会来了。这时可以向底线内跨一到两步，待球一落地就主动迎上前去击球。打对方的第二发球以打直线随击球上网比较容易成功，除非来球又高又软，否则不要想将对方一拍打死，那样常常会用力过猛，自己先把球打飞。

根据对手打法进行调整——如果和熟悉的对手比赛，在比赛前就应对对手进行分析。上网比较积极的对手你要准备多打贴网而过的穿越球；假如他的扣杀球打的不太好，还可以多放高球。碰到死守底线的对手，你就要做好在网前与他决胜负的准备。更重要的方面是要了解对手薄弱之处，选择好突破口。因此，若遇到新对手时，要利用赛前热身练习的机会，不要只是简单地把球打过去、活动活动身体就算了。你要有意识地把球打几个到他的正手和反手，观察他的动作，体会他击球的力量；再打几个短球，引他上网，然后放高球，看他扣杀掌握的怎样。不过当你利用热身练习的机会试探对手时，自己一定要事先已经热身练习过了。这样当他想在开赛后对你进行试探时，你已经开始实施作战计划，抢到了先机。

MENTAL GAME FOR TENNIS
心理战的妙用

以上谈了不同水平选手的不同基本战术，然而要想当常胜将军，单是在技战术上有所准备还是不够的，还要学会应用心理战术，即建立自己的心理优势，造成对方的心理劣势。

一、建立自己的心理优势

树立必胜的信心不是仅仅告诉自己一定能赢就行的，而是要从赛前到赛中和赛间休息时间里应用各种方式，不断给自己输入心理优势的信息。其做法有多种，且因人而异，以下介绍几种，供大家在应用中体会。

（一）赛前做好充分准备。首先在一个本子上写下自己准备应用的战术计划，对手的弱点以及给自己打气的词句，"就这么打，压住他的反手！""该我发球了，这下他要尝到我的厉害了！""接回他的每一个发球，稳扎稳打，他就没招！"其次提前半小时到场，做好充分热身活动，让自己感觉到从一上场就进入最佳状态，而对手还没有准备好，从而从一上场开始，就表现先声夺人的气势，抢占到比赛的先机，让对手自然而然地产生畏惧心理。

（二）比赛中经常和自己说话。可以不出声地说，也可以大声叫。如每得一分就说"打的好，就这么打！"。自己击球失误时，说"就差一点，下一球肯定会在界内！"。赢了一局，就说"我的战术奏效了！"，输了一局则说"现在到了新起点，我的机会来了！他已经疲惫不堪，我却越战越勇！"。如果你看电视中世界高手的比赛，就会发现他们的嘴巴总是在念念有词，其实就是在不断给自己鼓气。

（三）赛间休息的90秒中除了喝水，最好把赛前写的笔记本拿出来看，一方面可以不断提醒自己，另外也给对方造成心理压力。在笔者学网球不久后参加的一次大温哥华地区本拿比社区公开赛中，我总是在赛间的90秒休息时看笔记，把对方弄得很紧张。当时对手是一个水平比我高不少的黑人，但他却始终发挥不好，双方第一盘一直打到5∶4我领先，最后他实在忍不住了，主动问我本子上写了些什么。又问我以前在温哥华比赛的战绩如何。而我却在这时犯了一个致命的错误，告诉他我只打了两年球，还没有战绩。结果他马上就像换了个人一样，竟然连胜9局，以第一盘7∶5、第二盘6∶0结束了比赛。

二、造成对方心理劣势

（一）通过仔细观察，找到有可能影响对方心理的方式来达到目的。例如有一次在大温哥华地区列治文公开赛的决赛中，我的对手是一个戴着护肘的捷克人。赛间休息时我就和他讲网球肘多疼痛难忍，又说戴护肘对打球影响很大，结果在比分很接近的情况下他输了。赛后他说，一定要换一个护肘。还有一次我和一个对手比赛，了解到他刚刚换了拍弦，便主动问他是不是热身时间长些。并告诉他不能一换弦就打比赛，需要适应一个时期才行。虽然对手不以为然，但从他一失误就拨拍弦乃至摔球拍的举动中，很显然，他已经没有了必胜的心理优势，而完全转移到了责怪球拍的心理劣势上了。

（二）利用一切非高规格比赛时允许的做法，来引起对方情绪波动，如激动、不满甚至愤怒，让对手不能集中精力在运用战术和控制球上。比如比赛时请一个假教练和你同行，每次赛间休息时就在那里对你指手划脚，似乎在教你如何打。还有故意叫出界球，和对方争执几次，让对方的肾上腺素分泌增多，削弱他的控球能力。当然这些做法你不一定要采用，但却要想到对方是很有可能用在你身上的。

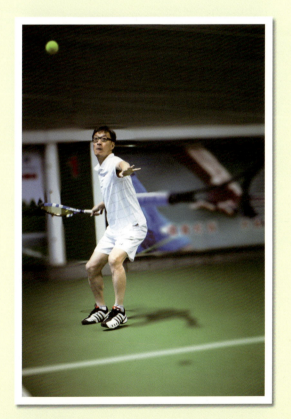

每次像这样展示拼出全力的击球，也会给对手带来威慑，产生一定的心理压力。

6
SECTION

<享受双打>

双打的基本规则

双打的战术

ENJOY DOUBLES
享受双打

　　和单打一样，双打也是球员在球网两边的技战术和心理上的对抗，但由于人数增加了一倍，场地也变大了一些，所以和单打又有很多不同。首先是跑动范围变小了，因为场地并没有成倍增大，所以体力消耗要小多了。当年龄增加、体力下降时，从单打转为双打，可以相应延长运动寿命。二是击球机会少了，本来两个人打的球，现在变成四个人打了。虽然可能某一个人的击球机会会相对多些，但总体不会超过单打。因此，每个球员就会相对重视、提高每次击球的质量。三是责任性加重了，一个球员不能光是自己任意击球，而是需要经常考虑到这个球会对自己拍档造成什么影响。四是交流机会多了，每对拍档之间不仅要相互支持、相互鼓励，还要讨论战术、分析得失，因此好的双打配对如果不是兄弟或姐妹，也会成为兄弟姐妹一样的关系。混合双打之间自然也容易形成兄妹、姐弟，甚至夫妻这样的关系。此外，网球双打的战术复杂程度增加，每盘耗费的时间相对缩短。所以总体来说，双打的对抗强烈程度不如单打，但趣味性却大大增加，加之双打费用相对较低，因此越来越多的人更愿意参加网球双打。

美国黑珍珠大小威廉姆斯在北京奥运会上轻取女双冠军。

RULES OF DOUBLES
网球双打规则

一．双打的基本规则

在双打比赛中，单打的规则都适用，并附加以下内容：

（一）双打场地的两侧边线是网球场最外侧的白线，即单打场地的每一边再宽4.5英尺（1.37米）。

（二）双打的发球顺序。先发球方第一局由站在右半场的球员先发球，第二局是对方右半场的球员发球，第三局是第一局发球方的拍档在右半场发第一分球，第四局则是第二局发球方的拍档在右半场发第一球。以后的比赛中都按照这样的顺序来发球。

在抢七局，由发球方站在右半场的球员先发第一分，然后由对方左半场的球员在左半场和右半场各发一分球后，再由首先发球方的另一球员在左半场和右半场各发一分，最后由对方的另一球员在左半场和右半场各发一分。下面的发球都是如此轮转直到抢七局结束。

（三）双打的接发球顺序。接发球方都是站在右半场的球员先接第一分发球，然后是左半场的球员接第二分发球，以后依次轮换。每场比赛接发球方的站位都不能变换，即第一局开始站在左半场的球员，在每个接发球局都必须在左半场，直到比赛结束。

（四）双打中的击球顺序。除了接发球，网球双打和羽毛球双打一样，两个球员中任意一个都可以在本场地的任意部位击球。

二．双打的战术

双打和单打不同，如果想赢球，光是自己球技好还不行，一定要有一个适合的拍档才行。这时再辅以正确的战术，才有可能把水平和自己相仿或稍高的对于打得大败而归。所以选拍档是打好双打很关键的环节。此外双打的战术对技术水平要求也高，通常需要在3.5以上，才有可能在双打上有所作为。因为双打与单打不同之处在于场上球员增多后，每个球员要防范的范围小多了，有可能充分发挥网前击球速度快、角度大的优势，把战斗在网前解决。在高水平的国际双打比赛中，哪一方控制了网前区，哪一方就占据了主动局面。实际上，在这样的比赛中，双方都是在网前拼搏的，这也是为什么高水平双打比赛的时间通常较短，发球方发球上网，接发球方接发球后也上网，然后双方在网前眼花缭乱的几个回合拼抢，一分球就结束了。

（一）双上网战术

这是首选和制胜的战术，要和拍档创造一切机会，抢占网前区域，这样既有利于己方打出各种大角度、高速度的制胜分，同时让对手感到无限的压力，甚至绝望。要做到这一点，首先要和自己的拍档牢固树立得分在网前的意识。双方都需要掌握发球上网、接发球上网、截击、高压球和凌空击球的技术。这些技术在平常单打比赛和练习中都用的较少，但是在双打中，这是主要的得分手段。

双上网战术要从比赛一开始的发球局（作为发球方）或接发球局（作为接发球方）就要实施，并在整场比赛贯彻始终。即便是遇到同样打双上网战术的对手，也要在网前与对方一决胜负。实际上，高水平的双打比赛，输赢基本都是在网前分出的，因为退到底线的一方是没有希望的。除了在发球局和接发球局要抢占网前外，其他时候被对方暂时压到底线后，也要在相持中创造机会，尽早回到网前。下面分述发球局、接发球局和底线相持时来到网前的策略以及网前攻击的策略。

1. 发球局上网策略

双打的发球方占据了巨大的优势，网前的一半已经有拍档通过自然站位就封住了，再加上可能的抢网，结果给接发球方只留下非常狭窄的回球线路。这样发球员就可以站在底线外从中点到单打边线的大范围中发球，从而发出不同角度的球来，使得双打的接发球比单打难度大很多。而同时发球方再主动上网，因此接发球方的回球必须质量非常高，才能免受直接攻击。有鉴于此，发球员在自己的发球局要牢固树立发球上网必定获胜的信念。发球员发球时站位宜靠近单打的边线，而不是像单打那样站在中点附近的位置，因为另外的半场已经有你的拍档守候在网前了。

第一发球的力量不宜太大，而是力求成功。发球的线路上以内角和追身为主，而不要追求大角度，尤其是在右半区发球、对方接球员又是右手握拍时，他很可能顺势回击一个打到单打线外的大角度斜线球，让发球员在底线和网前都很难接到。但在左半区发球且对手又是右手握拍时，可以适当发大角度的外角球，因为对手靠反手不易回出大角度的斜线球。当然发球局主动权在自己手中，一旦觉察出对手适应了自己前面的发球方式后，要主动变化，让对方难以预测，无法准备。（如图双打1）

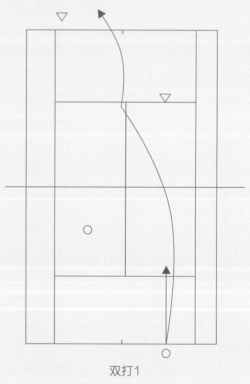

双打1

当发球员在靠近单打的边线处发球后，可以随着发球的线路立即随球上网，跑到发球线时以一个垫步稍作停顿，观察对方回球的线路，然后根据来球的方向，跨出左脚或右脚，打第一次截击。发球上网的第一截击通常不容易制胜，除非对方回球又慢又高。而接发球方在对付发球上网的球员时，都会尽量将接发球回的很低，而且落在上网球员的脚边，造成发球上网球员截击的困难甚至直接失误。发球员在第一次截击后不能停步，继续向前跟上几步，来到球网和发球线中间的区域，和拍档在网前形成一堵高墙，给对手造成巨大的压力。此时可以做好充分准备，在这里打第二次截击或高压球（如果对方挑高球）而直接得分。发球方即使在二发时，也要在发球后采取同样的策略积极上网，只是会比一发后上网难度要大。

发球员的拍档在发球员上网时也要积极配合，所采取的方式为积极抢网和防对方的直线偷袭。当发球员的拍档站位偏中间且靠网较近又积极抢网时，接发球方在回击时便很难专注地向发球员的脚下打，而要同时考虑到回球的角度要大或偷袭直线，这样回球的质量就有可能下降。发球员拍档抢网时要坚决，一般是在看到发球员在右半场的一发质量较高时，拍档就做好向中间移动的准备，一旦判断出接发球员没有偷袭直线，就立即向中间移动。步法是先左脚向右横跨一个交叉步，接着右脚向右横跨一大步时出手击球。

当发球员拍档频频抢网得手时，接发球方肯定会偷袭直线。此时发球员拍档就要通过佯装抢网，诱使接发球方回击直线，而自己则等在自己的半区内截击。一般在二发时，发球速度较慢，而拍档又在发球员刚发球时就做出移动假象，接发球员就很容易做出回击直线的决定，从而给回防的发球员拍档截击的机会。

为了在发球局抢得网前击球的机会，发球方还可采取约定抢网和特殊站位的策略。约定抢网与上述抢网不同的是，发球方双方在发这分球前就通过语言或手势约定，这个球由拍档到发球员的区域来抢网，而发球员则斜线跑入拍档的防区中进行截击（如果接球员回击直线球的话），如图双打 2 所示。

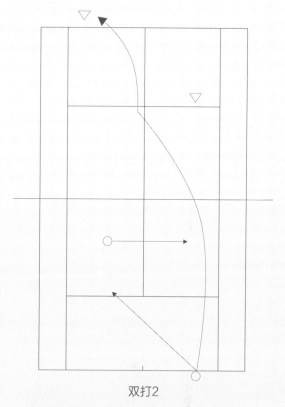

双打2

通过特殊站位上网的有澳大利亚站位和中线一字型站位两种。澳大利亚站位是发球方的两名球员都站在同一个半区（以左半区发球为主），但两人都略靠中线。发球员发出外角球后，接发球方多半会回击直线。而发球员的拍档在发球员发球后便向右半的空场移动，等待截击对方的直线回击。发球员则按照发球上网的方式向前移动到发球线，准备截击对方回击的斜线（见图双打 3）。发球员的拍档也可以留在自己的半区准备截击对方回击的斜线球，而发球员则斜向移动到空场区的发球线截击对方回击的直线球（见图双打4）。

中线一字型站位与澳大利亚站位类似，只是发球员及其拍档都站在中线上。发球时拍档蹲下，发球以外角球为主，发球过网后拍档就迅速移动到接发球球员侧的己方网前准备截击直线球，发球员则向空场区发球线移动，准备在那里截击斜线回球（见图双打5）。

通过这些变化，双打的发球方可以采取多种占据网前的策略，在战术上给对方以沉重的打击。

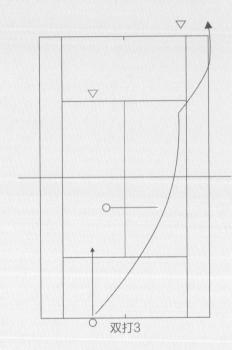
双打3

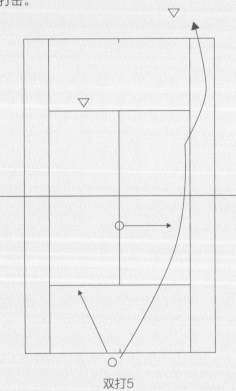
双打5

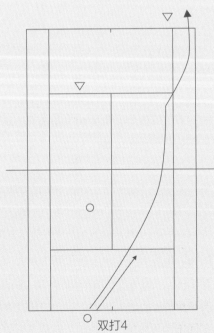
双打4

2. 接发球局上网策略

接发球方抢到网前的难度较大，尤其是当发球方也在积极上网时，必须靠高质量的接发球技术，才有机会双双来到网前。当然，接发球方首先也一定要有抢占网前的主动意识，要认识到如果己方不占据网前，就只能被动挨打，因此必须争取一切抢占网前的机会。

在接对方一发时，接球员主要以斜线球回击到发球上网的发球员脚下，让对方直接失误，或者被迫挑起一个很软的半高球，让自己能够赶到网前下杀手。当然，如果业余比赛中，发球员发球后没有上网的意识，接发球方就只需回击一个比较深的斜线球，自己就可以随球上网了。为了能够及时抢占网前，接发球的球员可以站在底线内，打发球的上升期，缩短上网的时间和距离。当然如果对方发球质量很高，速度快、落点刁、旋转强，那就只能从底线后退，在安全回球后，再根据场上形势，决定上网的时机。

如果对方一发失误，开始二发时，接发球员就应该告诉自己机会来了。这时站位要向底线内移动一到两步。在接对方较弱的二发时不要想把对方一拍打死，而是要在确定对方不上网时，把斜线球适当打深，即使高一些也没有问题。只要不让对方的拍档有抢网的机会就行。然后迅速随球上网，也是先在发球线垫步停顿一下，确定自己能有机会截击时，把上网后的第一个截击根据对方的站位情况，打向两人中间或者空场区。并继续前行，和拍档在网前找到最佳站位，准备打下一个制胜的截击或高压球。

在接发球员接发球时，他的拍档应根据发球和回球的情况及时决定自己的行动。在对方一发时，他通常站在发球线后，如果发现对方发球后没有上网或者己方的回球打到发球员的脚下了，就要及时上前几步，站到网前的最佳位置，即球网和发球线的中间，等待接发球员也上到另半场的同样位置，准备打截击或高压球（如图双打6）。

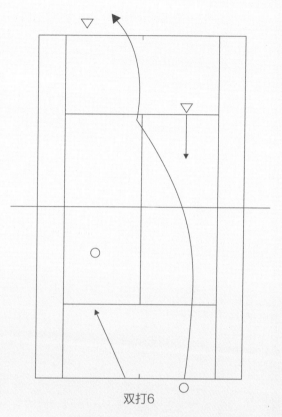

双打6

遇到积极抢网的对手时，接发球方的压力很大，只能靠看准时机的直线穿越和挑高球来对抗。如果对手再采取澳大利亚或一字型站位的抢攻战术，就只能先采取接发球时底线过渡的策略，在相持过程抓住时机上网。

3. 底线相持时上网策略

当己方作为接发球方被对手暂时压制在底线时，需要先稳住阵脚，分析场上形势。如果对手两人都占据了网前，这时能做的就是在两人位置之间打穿越球，或者挑后场高球。打在对方两人之间的穿越球一般或者直接得分，或者对手快速回击过来，那是都没有机会上网的。只有在成功地挑了一个后场高球，把对手压回底线去救球时，这时己方就要抓住机会，两人都及时向网前移动，准备以高压球打对方回击的高球。如果对手一方没有上网，仍在底线大力抽击斜线，这时就要告诉自己机会来了。因为你的拍档已经在另一个半区做好了随时截击的准备，你要对付的主要是回击到你这里的斜线球。不要退到底线的一两米后与对手对拉斜线，而是向前跨入底线内在球的上升期击球，并随球迅速来到发球线，仍然是在这里进行第一次截击，再向网前移动到单打线和球网之间的区域，在那里第二次截击或高压，打出制胜分。

底线相持过程中己方拍档的站位很重要，当己方在接发球时对方借助发球局策略双双提前来到网前，这时在己方的网前防御就比较困难了。可以和接发球球员暂时双双撤退到底线后区域，期望通过挑出压向后场的高球把对方逼回底线，让对手即使能够打出高压，质量也不会太高。然后回击穿越球后，双双逼向网前。如果对方一前一后的站位没有变化，己方接发球员和对手在底线对抽相持，拍档就应向网前和中线逼近，在做好回击对手直线偷袭的同时，进行佯装抢网，干扰对手。而如果对手回击的斜线球角度不够大时，则坚决抢网。

4. 网前攻击策略

通过上述上网策略来到网前后，就要展开网前攻击。双打的网前打击策略与单打有相似之处，比如落点要深，要打在空场区。不同的是双打有两人防守，因此即使是在网前实施攻击，被防回的概率仍然较大。所以双打的网前攻击一定要做好连续打击的准备，要截击、高压不停进行。除了打底线和空场区，双打对手两人之间的部位也是防守方的薄弱区域。打到这个区域的球常常会发生两人互让或两人互抢的现象，因此也比较容易得分。而互抢、互让现象若发生几次后，很容易造成拍档间的互相埋怨情绪，从而影响互相配合，造成斗志下降，导致最终失败。

（二）双底线战术

在自己的发球局或接发球局，两个球员都留在底线与对方抗衡，采取的这种战术称为双底线战术。很显然，双底线是一种被动的防御性战术（见图双打7）。这在网前技术较差，上网后失误多；或者对手太强悍，双上网积极，网前技术又过硬，己方上网后，对手频频把截击和高压球打向己方后场，而不得已采取的战术。此时能够采取的比较有效的战术是挑后场高球，把对方压回底线，减小对己方的威胁。当然己方也要准备防守对手凶猛的高压球。在

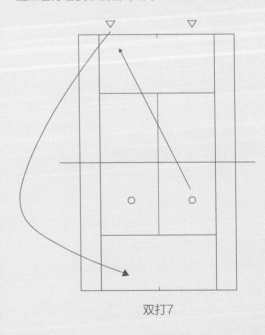

双打7

底线打穿越球的难度比较大，因为己方退到后场防守后，对方两名球员将会在网前逼的很近，两个人照顾的面积又很大，己方打穿越球的空隙很小，即使是贴近球网的下坠低球，对方球员也可以轻轻放一个短球，让己方队员根本来不及救球。这时打穿越球只有两个球员之间的部位可以一试，但成功的机会也不是很大。

当然，如果对方水平和自己相似，也采取双底线战术，那么双底线对双底线，就和单打类似了。只是对方两人在底线那里，也就基本没有空场区了。此时的战术是把所有球都打向相对较弱的对手，然后等待他的失误。

（三）一前一后战术

这是一般业余赛场上最常见的战术，发球方一人在发球后留在自己半区的底线，拍档则在另一半区的网前准备；接发球方的接球员接发球后也停留在原来的底线位置，拍档站在网前准备有球过来时截击。然后是发球员和接发球员两人在底线斜线对抽直至一方失误（如图双打8）。一前一后的战术是一种守候型的机会主义战术，靠发球员和接发球员的底线对抽水平。一旦一方回球角度不够大，被守候在网前的球员截击打向对方网前队员的脚下或身后就比较难应付了。

出现这种战术实际上是对高水平比赛的一种误读。在高水平比赛中，发球方和接发球方的一前一后站位对双方来说，都是采取双上网战术在发球前最有效的站位。因为网球双打规则规定，发球员要在底线后发球，因此发球员只能在发完球后才能进入场内。而发球员的拍档则提前在网前有利位置站位；接发球员站在后场也是因为他只能站在底线附近才能把发球接回去，如果距网

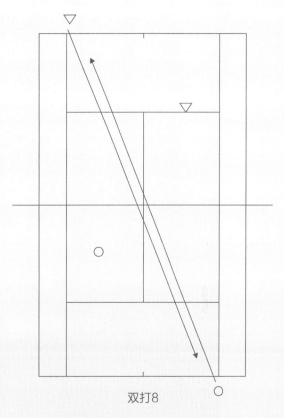

双打8

太近，就接不到发球了。因此他接完发球后，就伺机移动到网前。而他的拍档却可以直接站到网前的位置，做好在网前击球的准备。一旦球发出，发球员向网前移动，拍档准备抢网向中间移动；接发球员接发球后向网前移动，拍档则已经站到网前，对回球密切观察，准备在网前采取下一步行动。这样一前一后的站位马上就变成了双上网对抗。

因此，我们必须理解一前一后的站位，是为了进行最有效的双上网战术而采用的。由此可见，双打制胜的战术精髓就是网前，网前，网前！

MENTAL GAME FOR DOUBLES
双打的心理战

第四届京城龙象杯上的混双季军，丹丹和乔奇。

和单打一样，心理战是双打制胜的重要一环。双打的特点是每方都有两人，通过两个人之间的配合，可以很容易营造出心理战的态势，而不需要一个人在那里不断给自己鼓劲加油，显得有点虚张声势。尤其是双打的任何一方都是两人，心理优势要在一方的两人中都建立了才能显示出来；而如果有一人出现心理劣势，就有可能影响到拍档而很快败下阵来。因此双打心理战的首要条件是必须两人配合默契，彼此对拍档的技术特点、强项和弱项都非常了解，有完全一致的战术思想。赢球的时候相互鼓励是很有必要的，但更重要的是在输球的时候绝对不能相互埋怨，表现出特别默契、积极交流。赢球了相互祝贺，输球了相互鼓励，会给对方造成很大的心理压力，让对手感到自己是牢不可破的一对，两个人就像一个人一样，就会让对手觉得要赢球可能很难。

1. 每一个发球之前，要让对方看见自己

和拍档说几句话，并做一个特殊手势。实际上也应该和拍档交待你准备发外角还是内角，平击球还是上旋球，发球后立即上网还是先待在底线；简单的手势如翘拇指代表上旋球，八字代表平击球，食指代表外角球，小指代表内角球，但这些手势要夸张一些，要让对方怀疑你们在计划什么不寻常的战术，进而产生忧虑。

2. 接发球前，也要和拍档说一两句话，做一两个动作。比较有效的是对方网前队员抢网非常主动时，可以在每次接发球前，接发球员的拍档走到接发球员的半场去简单说几句话，同时一个人指直线回击方向，另一个人做放高球的动作。而在真正接发球时，却仍然以斜线回击为主。这样可以大大减少网前队员的抢网次数，因为他每次都要想到接发球方已经有准备了，会回击直线球进行偷袭或者放高球。

3. 每一分结束时，无论输赢，也都要和拍档说几句，并作出各种会心的动作，比如指向对手中较弱的一方，意思是要盯着他进行攻击。或者在输了一分后，两人假意争议一下，然后做出得到统一认识的姿势，精神抖擞地回各自防区。

4. 每两局交换场地休息时，更要利用好其间90秒钟时间，在场外做出认真讨论的样子，并同时向场地和球网指点，让对方感到你们不断在商讨如何应用新战术来对付他们，让对手总是处于紧张状态。

其他单打中可以应用的心理战术，如双方配合默契地对可疑的出界球毫无例外地一致叫出界；当对方叫出界时，两人异口同声地说没有出界。由此对对手造成心理干扰，要比单打一人之力要大得多。但同时也要注意到，由于双打的心理战比单打作用更大，因此若非参加一定要赢球的正式比赛，在以联谊为主的娱乐赛中不要轻易使用，否则将很容易引起对手的反感，从而就没有其他对手愿意与自己打球了。

SECTION

\<附录\>

网球水平自我评估表

四大网球公开赛和网球赛事积分

常用网球英语术语和简单会话

SELF EVELUATION
网球水平自我评估表

网球水平自我评估表是根据全美网球协会和加拿大网球协会标准编制的。

1.0 凡刚刚开始学打网球者，均属这一等级。

1.5 初步了解网球规则。能在底线打几个回合。尚不会发球，也没有练习过网前击球。

2.0 能进行底线正反手抽击，但缺乏控制球的能力。由于反手水平更差，经常侧身用正手代替反手抽击，因此失误很多。可以打出正手截击，但很少上网击球。不会反手截击和高压球。发球能过网落在发球区，但双误很多，且发球动作不规范，抛球不稳定。能接过很慢的发球，但不能控制落点和速度，站位偏向自己的反手，只能用正手回击。

2.5 能够在底线以正反手抽击打出十个回合以上的较慢、落在中场的球。练球时也能够截击网前球，但比赛计分时就完全发挥不出来。能以规范动作发第一发球，但失误超过百分之六十。第二发球非常弱，常被较强的对手直接进攻得分。接中等速度的发球时，能将球打回中场，失误不多。

3.0 在底线时，只要来球速度不快，能够连续超过十个回合回击高球、大角度以及短球。比赛中正手截击中速来球基本没有多少失误，但反手尚不够稳定。来球较低或角度大时，截击成功率低。能以高压球回击近网慢速高球。能以规范动作发第一和第二发球。第一发球成功率可达百分之四十，但第二发球明显要弱，常有双误现象。接发球时，对中速来球，能够控制角度和落点。

3.5 底线抽击时，如果来球较弱，能够发力击球得分或调动对手左右奔跑。随击球成功率在百分之五十以上。对于需要普通移动速度的网前球，能够比较熟练地运用截击和高压球处理。能控制正手截击的落点，但反手截击尚不很自如。第一发球能够有落点和速度的变化；第二发球虽然速度不快，但能控制发在对手的弱点区，通常是反手区。发球双误的机会通常小于百分之二十。接发球时，对于快速或角度大的来球，基本能够以防守的方式回击。而对比较弱的发球如对方的第二发球，常可以打出落点较刁的随击球，或直接进攻得分。

4.0 能够以有变化的正反手底线抽击控制对手而最后得分。但还击快速或大角度斜线球时失误较多。此外击穿越球的技术还达不到低、转、快的要求。网前技术比较熟练，能够打出随击球后上网进行成功的正反手截击，尽管对速度和落点的控制还有欠缺。发球上网后的第一截击常有失误。打近网高压球时通常可以直接得分。第一发球速度加快，落点的控制也有所提高。第二发球除多在对手的反手区外，并能够运用旋转（上旋和下旋切削）来增加控制和威胁。除了很快的来球，通常能够控制回击发球的落点和速度而占领场上主动权，接发球得分率可达到百分之三十以上。

4.5 能够熟练地运用旋转来增加底线抽击的力量和速度，只有在来球很快或角度大时才会有失误。穿越球技术有所提高。发球上网的第一截击成功率超过百分之六十，能够应用不同的截击技术进行第二截击，包括切削、放短球和抽击式截击，但成功率尚不是很高。能够在中场打高压球得分。第一发球有较强的力量和旋转。第二发球能运用旋转控制外，还有一定的深度，增加了对手反击的难度。接发球技术熟练，即便是对速度快的第一发球，也能够回击有一定难度的球，给对方抢攻造成困难。

5.0 底线技术相当熟练，能够发力迎击快速来球。穿越球的落点和高度都控制的较好。全面掌握网前截击技术，能够在球场的任何地方打高压球。第一发球常可直接得分，或逼使对方回球软弱。第二发球能够阻止对方的进攻。接发球时，正反手都经常能够以发力回击。

5.5 这一级的运动员具有明显的战术特点，以全场型，发球上网型，底线进攻型或者是底线防守型进行比赛。在场上有良好的预测力和判断力；没有明显的技术缺陷，能够运用各种技术寻找对手的弱点。具有参加省级比赛"公开"组的资格。

6.0 至 7.0 一般而言，6.0 相当于省级公开赛前十名水平，6.5 相当于全国公开赛水平，而 7.0 则相当于国际公开赛的水平。

跑动中的正手击球。

GRAND SLAMS AND TENNIS SCORES
四大网球公开赛和网球赛事积分

网球历史很悠久，可以追溯到 12~13 世纪。当时在法国有一种用手掌击球的游戏，方法是在空地上两人隔一条绳子，用手掌将用布包着头发制成的球打来打去后来传入英国，几经改进，通过 1877 年在英国举办的首届温布尔登网球比赛，逐步演变成现代网球。

当今的国际网球的个人比赛是根据传统、积分和奖金规模，来决定比赛的级别。最高级别的是温布尔登网球锦标赛、法国网球公开赛、美国网球公开赛和澳大利亚网球公开赛四大满贯赛事。这四大满贯赛事都有一百年以上的历史，目前每项赛事总奖金均超过 1000 万美元，积分 2000 分。2010 年美网的单打冠军是 170 万美元，亚军是 85 万美元；双打冠军的奖金是两人 42 万美元。第一轮就被淘汰出局的选手也能够获得近两万美元的参赛费。而到了 2011 年，第一个大满贯澳网冠军更是高达 220 万美元，李娜获得该届澳网的女单亚军也得到了 110 万美元的奖金。

在四大满贯网球赛中，场地性质是不同的，其中温网是草地场，球速快，弹跳低；而法网是红土场，球速慢，弹跳高。在这两种场地上打法和战术是有很大差别的：温网是发球上网型选手的战场，而法网则是底线防守和进攻型选手的天堂。即便在制造技术高度发达的今天，球拍的弹性和强度大大改善、重量减轻的情况下，也很少有选手能在红土和草地球场上同时称霸。而美网和澳网则是介于温网和法网之间的硬地球场，以往发球上网和底线型选手都可以夺冠，但现在也是底线型选手才能笑到最后了。

仅次于大满贯的是每年年终总决赛，2009 年的总奖金为 500 多万美元，冠军积分 1500 分，其中 2005-2008 年在上海举办（又称为大师杯赛，为 tennis masters cup 的翻译），于 2009 年至 2012 年移师英国伦敦。

级别第三的是巡回赛系列，其中每年有 9 场，总奖金 100 万至 500 万美元之间，冠军积分 1000 分，包括在美国举办的印第安威尔斯，辛辛那提，迈阿密巡回赛，在中国上海举办的大师赛，以及在蒙特卡洛（摩纳哥）、罗马、马德里、加拿大、巴黎举办的赛事。

第四个级别的是公开赛 500 系列，即冠军的积分为 500 分，总奖金 100 万美元以上，每年共举行 11 场，其中有每年 10 月在北京举行的中国公开赛。其他为鹿特丹（荷兰）、孟菲斯（美国）、阿卡普尔科（墨西哥）、迪拜（阿联酋）、巴塞罗那（西班牙）、汉堡（德国）、华盛顿、东京、巴塞尔（瑞士）、巴伦西亚（西班牙）等地的公开赛。

第五个级别为巡回赛 250 系列，冠军积分 250 分，总奖金在 50 万至 100 万美元，

双打时正手斜线大角度抽球。

每年 40 场。比较著名的有慕尼黑巡回赛，悉尼公开赛，斯德哥尔摩公开赛，曼谷公开赛等赛事。

第六个级别的是挑战赛系列，冠军获得 75~125 分，总奖金在 10 万 ~ 50 万美元，每年有 178 场，包括中国的广州公开赛，以及以色列公开赛、大阪公开赛等赛事。

职业选手能参加的最低级别比赛是希望杯（F）系列，冠军得到 17~33 分，总奖金在 10 万美元以下，每年举行 534 场。

根据以上这些比赛，职业网球选手可以通过参加多项较低级别的比赛，积累分数，为参加级别更高、具有严格参赛条件的赛事打下基础。

网球的团体比赛不像个人比赛那样引人注目，其中男子有戴维斯杯，女子有联合会杯比赛，每年先进行各个赛区的比赛，最后是十六强淘汰赛，决出冠军。采取的比赛方式是第一天进行两场单打，第二天进行一场双打，第三天进行两场单打，先赢三场为胜方。

ENGLISH IN TENNIS
常用网球英语术语

中文	英文	中文	英文
球场	court / tennis court	半截击	half volley
底线	baseline	随击球	approach shot
发球线	service line	脚误	foot fault
发球区	service box	界外	out
球网	net	界内	in
正手	forehand	抢七	tie-breaker
反手	backhand	局	game
底线抽球	baseline ground stroke	盘	set
截击	volley	场	match
发球	serve	赛点	match point
接发球	return of service	热身	warm up
抛球	toss	直线	down the line
高压球	overhead	斜线	cross court
放高球	lob	侧身	inside out
双打	doubles		
穿越球	passing shot		
发球上网	serve and volley		
防守	defense		
进攻	attack		
削球	slice		
放短球	drop shot		
凌空抽球	drive volley		

LET'S PLAY TENNIS!
让我们一起来打网球!

MAKE AN APPOINTMENT BY PHONE

George: Hi Lily, this is George. Would you have time to play tennis tomorrow?

Lily: Yeah, I can play tomorrow.

George: Good. Would you like to play singles or doubles?

Lily: Well, let's play singles.

George: That's great. Let's go to Peking University's tennis court. I'll book the court. We can share the court fee, it's not expensive.

Lily: Sure! I can pay the court fee.

George: Thanks! Let me treat you for the meal afterwards okay?

Lily: Oh yeah! Let's go to KFC.

电话约球

乔奇：Lily，我是乔奇，明天有时间打球吗？

莉莉：行啊，我明天可以打球。

乔奇：太好了，你愿意打单打还是双打？

莉莉：我们打单打吧。

乔奇：好的，单打。就到北京大学的球场吧，我来定场地。费用我们分摊吧，不贵的。

莉莉：太好了！我来付场地费吧。

乔奇：谢谢！那么打完球我请你吃饭。

莉莉：好呀，我们去肯德基吧！

ON THE COURT

Lily: It's a nice day today but too sunny.

George: We can get some warm up first. How about running 3 laps around the court then practice at short court (service box) for 10 minutes?

Lily: Sure, shall we play a game then?

George: All right, how about a best of three?

Lily: It's too much for me. Just one set, okay?

上场

莉莉：今天天气很好，就是太阳有点晃眼。

乔奇：我们先热身吧。绕场跑三圈、然后在短场（发球区）练习十分钟怎么样？

莉莉：好，接着我们打一场比赛？

乔奇：行，三盘两胜吗？

莉莉：有点太累了，就一盘定胜负吧。

TALK ABOUT TENNIS TECHNIQUES

George: You should pay attention to your forehand stroke. You did not turn your body to give your stroke that extra momentum. Also your backhand stroke needs to improve too.

Lily: About backhand, which way is better, one-handed or two-handed?

George: It depends. My own opinion is that it will be easier for a beginner to start with the two-handed backhand. Two-handed is also more stable.

Lily: And I also have trouble when I serve. It keeps hitting the net or land outside of the serve box.

George: Well, you should understand that the toss is the key when you serve. The ball should be tossed to the same position in front of your head each time so that you can then hit the ball with the same movement.

> 讨论技术

乔奇：你要注意你的正手击球动作，转体不够，缺乏身体的动量。反手击球的动作也需要改进。

莉莉：反手击球是单手还是双手更好？

乔奇：这要根据个人了。我的观点是，初学者易于掌握双反，双反的稳定性也更高。

莉莉：还有发球，我总是发不好，不是下网就是出界。

乔奇：其实发球的关键之一在抛球，一定要抛在身体前上方的固定位置，这样才能保证发球的击球动作不会变形。

> DISCUSS PLAY TACTICS

Lily: I think serve-volley is the most effective tactic in tennis. It is the way to maintain control over the court.

George: It's not the case any more. Most players now play as baseliners. Watch the recent grand slams, the pros all stay at the baseline. It's because technical improvements of the rackets such as carbon and titanium frames, and the use of stronger strings, make the shots from baseline more powerful. It is difficult for you to move up to the net or else you will be easily passed if you are at net already. The only exception is in the double games.

Lily: what tactics can be adopted for baseliners?

George: At the baseline, you can attack the backhand side of your opponent and then hit the empty area in forehand side. You can also attack during the 2nd serve and maybe try psychological tactics.

Lily: What tactics I can use to beat you?

George: aha, you should try feminine tactics.

> 讨论战术

莉莉：我觉得网球比赛中，发球上网最有效了，是取得场上控制权的主要战术。

乔奇：现在不是这样，大家都在打底线了。你看最近的大满贯吧，职业球员基本不上网了。这是因为现在的球拍制作技术发展很快，碳素、钛合金以及各种拍弦让底线击球变得威力非凡，使得上网很困难，或者即使勉强上网也很容易被穿越。除非是双打比赛。

莉莉：在底线的话应当应用什么战术呢？

乔奇：底线的战术可以用压左调右，进攻二发，以及心理战。

莉莉：那我要用什么战术能打败你呢？

乔奇：啊哈，试试女性战术看看吧。

ON COORDINATION OF DOUBLES

George: We are behind. We should change our strategy.

Lily: How should we change?

George: We should rush to the net right after serve and return.

Lily: All right, I'll try my best.

George: We'll then avoid hitting the ball towards Mike and instead hit to Lisa because she's weaker.

Lily: Okay, I'll hit every ball to her.

George: If that doesn't work, we should try Australian formation and take them off guard.

Lily: Let's do it. May God be with us.

讨论双打配合

乔奇：我们落后了，应该改变战术。

莉莉：怎样改变呢？

乔奇：我们要积极上网，发球和接发球后都需要及时到网前去。

莉莉：好的，我尽量争取。

乔奇：另外避开对方的麦克，盯着丽莎打，她的实力比较差。

莉莉：行，我把每个球都打给她。

乔奇：如果还不奏效，我们就采取澳大利亚站位，打他们个措手不及。

莉莉：好的，就这样。上帝会保佑我们。

ON TENNIS RELATED HEALTH ISSUES

Lily : Gulping water after playing so hard feels so cool!

George: There is research showing that tennis not only improves the functions of the heart and lungs but also the brain as well and can even prevent Alzheimer's.

Lily: Really? No wonder so many seniors play tennis.

George: But they have to be very careful about injuries. If they fall and break their bones they will be in huge trouble.

Lily: That's true. Even we sometimes get tennis elbow and broken discs.

George: Right. Though there are many tennis related injuries, in general, playing tennis will bring more benefit than harm to our body. In addition to the benefits to heart, lungs and brain, tennis also improves our endocrine system. I have read an article in American Sport Medicine saying that playing tennis can improve sexual performance.

Lily: To be frank, I feel high after playing tennis every time! My boyfriend said he could not take it any more.

George: You should ask him to play tennis!

Lily: I have asked but he'd rather play World of Warcraft instead. I've even thought about leaving him.

讨论网球有关的健康问题

莉莉：打完球，喝足水，真的很爽。

乔奇：有研究证明，网球运动不仅能提高心肺功能，还可以增强思维，预防老年性痴呆呢。

莉莉：真的吗？怪不得很多老年人都爱打网球呢。

乔奇：只是他们得特别注意运动损伤，万一不小心摔倒了造成骨折就麻烦大了。

莉莉：倒也是，就是我们如果不注意，也会发生网球肘、半月板破裂什么的。

乔奇：是的。不过虽然有这些运动损伤，但总体来说，网球运动对身体来说还是利大于弊。除了对心肺和神经功能有好处，还能改善内分泌呢。前些时候我看到《美国运动医学杂志》的一篇报告，说网球运动能明显提高性功能。

莉莉：的确如此，每次打完球我都很high，我的男朋友都说受不了我了。

乔奇：让他也来打网球呀。

莉莉：他总是迷恋他的魔兽游戏，我都不想和他走下去了。

ON RECENT GRAND SLAMS

George: Did you watch the women singles final of French Open last night? Li Na bag the first ever Grand Slam champion in China, even in whole Asia.

Lily: Yeah, Yeah! She is so great! She beat the defending champion Francesca Schiavone from Italy in 2 straight sets. She made 1.2 million Euro as prize money!

George: Li Na really made a miracle for Chinese and for the world! It is a victory ever for all Chinese and Asian tennis players, men and women. It was so hard for her to move up to the final. No one is a pushover among the world top 100.

Lily: Hope the Chinese women would soon move to the world top like Russian girls.

George: The problem is that Li Na and Zheng Jie are getting kind of old for tennis. The future of Chinese women tennis really depends on the rise of younger players like Peng Shuai, Han Xinyun and Zhang Shuai, etc.

Lily: I feel so cheerful for Rafel Nadal in Men's final. He recovered from the loss in Australian Open and beat Roger Federer again to continue his No. 1 in clay.

George: It's right. Roger's techniques are not as sharp as Rafael, and Roger is older. Rafael has improved his serve a lot and perfected his powerful backhand in recent years. He even got the Wimbledon men's singles title last year, which had been kept by Roger for many years.

Lily: Speaking of the men I wonder if Chinese men could do as good as their female peers sometimes.

George: Though Chinese men's team is far behind the women's, they are actually working hard and keeping a low profile.

Lily: Hope they can do better than Chinese women players in the future.

讨论最近的世界大赛

乔奇：看了昨天的法网女单决赛吗？李娜成了中国乃至亚洲的第一个大满贯的冠军呀！

莉莉：看啦、看啦！她真是太了不起了！她把卫冕冠军、意大利的斯齐亚沃尼打得落花流水，2：0就干脆利落地结束了战斗！她拿到了120万欧元的奖金呀！

乔奇：是呀，李娜真的是创造了一个奇迹。这是中国以及亚洲女网，包括男网的空前胜利。她一路打上来的确不容易，世界排名前100的选手，哪一个都不是省油的灯。

莉莉：是的。希望中国的金花们很快能够像俄国的红粉兵团一样，在国际网坛成为一支再也不容忽视的劲旅。

乔奇：但是中国金花的第一梯队年龄已经偏大了，李娜、郑洁的运动生涯不会太长了。中国女网的希望还将取决于彭帅、张帅、韩馨韵等小将们的崛起。

莉莉：男单方面我真替纳达尔高兴，他一反澳网上的低迷，又毫无悬念地击败了费德勒，再次成为红土第一人。

乔奇：是的，费德勒除了年龄上的原因，技战术也不如纳达尔先进。近几年来，纳达尔加强了发球和反手，连温布尔登的桂冠都从费德勒手上夺过来了。

莉莉：看着女子网坛新人辈出，不知道中国的男子汉们什么时候能像姑娘们一样挺立起来。

乔奇：中国的男网虽然比女网差很多，但他们很低调，踏踏实实地在练内功。

莉莉：希望他们今后能比女网更强。

图书在版编目（CIP）数据

网球技战术 / （加）乔奇著.-- 南京：东南大学出版社，2013.6
ISBN 978-7-5641-4273-5

Ⅰ.①网… Ⅱ.①乔… Ⅲ.①网球运动-基本知识 Ⅳ.①G845

中国版本图书馆CIP数据核字（2013）第109746号

东南大学出版社出版发行
（南京市四牌楼2号 邮编210096）
出版人：江建中
江苏省新华书店经销　南京精艺印刷有限公司印刷
开本：787mm×1092mm 1/16　印张：6.5　字数：152千字
2013年6月第1版　2013年6月第1次印刷
ISBN 978-7-5641-4273-5
定价：50.00元
（凡因印装质量问题，可直接向营销部调换。电话：025-83791830）